中国文物小丛书

启新 执行主编／贺云翱

瓷器

张勇盛 著

CHINESE HISTORICAL
RELICS SERIES,
CHINA

飞天出版传媒集团
甘肃文化出版社

图书在版编目(CIP)数据

中国文物小丛书. 瓷器 / 朱启新主编；张勇盛著. ——
兰州：甘肃文化出版社，2012.12
ISBN 978-7-5490-0389-1

Ⅰ. ①中… Ⅱ. ①朱… ②张… Ⅲ. ①文物—基本知
识—中国 ②瓷器(考古)—基本知识—中国 Ⅳ. ①K87

中国版本图书馆 CIP 数据核字(2013)第 000819 号

瓷器

张勇盛 Ⅰ 著

责任编辑 ｜ 贾　莉
责任校对 ｜ 王金真
装帧设计 ｜ 陈晓燕

出版发行 ｜ 甘肃文化出版社
网　　址 ｜ http://www.gswenhua.cn
投稿邮箱 ｜ press@gswenhua.cn
地　　址 ｜ 兰州市城关区曹家巷 1 号 ｜ 730030(邮编)

营销中心 ｜ 王　俊　　贾　莉
电　　话 ｜ 0931-8454870　　8430531(传真)

印　　刷 ｜ 三河市明华印务有限公司
开　　本 ｜ 787 毫米×1092 毫米 1/32
字　　数 ｜ 126 千
印　　张 ｜ 6.25
版　　次 ｜ 2014 年 12 月第 1 版
印　　次 ｜ 2017 年 10 月第 2 次
书　　号 ｜ ISBN 978-7-5490-0389-1
定　　价 ｜ 28.00 元

总序 | 贺云翱

人类在漫长的历史进程中创造了无数的文化财富，保存到今天的物质形态，被我们称之为"文物"，实际上就是"文化遗物"，广义上可以称之为物质形态的"文化遗产"，它与非物质形态的文化遗产共同构成了人类的文化遗产体系。

包括"文物"在内的文化遗产是人类进行现代化建设的基石，具有重要的科学研究、历史教育与见证、艺术欣赏与创作、文化传承建设与文化多样性发展、情感认同与良好情操培育、经济开发特别是文化产业及旅游业开发、生态文明建设与可持续发展等广泛价值，因而受到各国政府和民众的高度珍惜、保护与认知。然而，"文物"作为历史的产物，毕竟与今天的生活环境、语境等有着较大的差异，没有专门的知识和概念理解，我们很难把它融入到现代社会生活和文明建设活动中，为此，学习和普及文物知识成为当代文化教育和创新思维训练的重要任务之一，同时也是实现文化遗产现代价值的必要途径之一。

中国是一个有着百万年历史的文化大国和5000年文明历史的文明古国，中国文物可谓博大精深，知识体系浩瀚广阔。面对当前正在建设社会主义文化强国的历史性任务，为了有利于广大青少年学生和社会上的非专业人士学习和掌握文物知识，甘肃文化出版社与南京大学文化与自然遗产研究所合作，组织编写《中国文物小丛书》，按照文物的特质或功能特征及逻辑发展结构，分门别类地对"文物"及相关知识进行梳理，再编写成书，逐步出版。希望这套丛书对普及文物及文化遗产知识，提升阅读者对中国古典文化和中国文明体系的认知水平，培育文物艺术欣赏能力，汲取深广的文化营养并作用于文化传承与文化创新事业有所贡献。

中国还是一个有着悠久的文物研究传统的国家。至少从北宋开始，就已形成了文物研究的专门学科——金石学；大约在19世纪初叶，从西方国家又传入了现代考古学。一代又一代的金石学家、考古学家、文物学家以自己的辛勤劳动与杰出智慧，为我们今天编写这套丛书提供了大量可供参考引用的基础性研究成果。在此，我们向他们以及相关成果的原出版机构表示衷心感谢！在丛书编写过程中，原文物出版社《文物》编辑部主任、文物研究专家朱启新先生付出了巨大心力，我们对他表示深切的敬意！我们还要感谢甘肃文化出版社给予中国文物学术事业及文物知识推广普及事业的热情投入！感谢南京大学考古与艺术博物馆、南京大学考古学资料室及南京大学图书馆、中国社会科学院考古研究所资料室等给予我们的编写工作所提供的大力支持！

是为序。

2013年4月8日写于南京大学文科楼

目录｜Contents

瓷器的发展历程

一、原始瓷器 …………………………… 004

二、曙光初现 …………………………… 006

三、青瓷之风 …………………………… 009

四、南青北白 …………………………… 013

五、异彩纷呈 …………………………… 016

六、珍奇斗艳 …………………………… 018

青　瓷

一、越　窑 …………………………… 024

二、耀州窑 …………………………… 032

三、汝　窑 …………………………… 036

四、官　窑 …………………………… 041

五、哥　窑 …………………………… 044

六、钧　窑 …………………………… 046

七、龙泉窑 …………………………… 050

白 瓷

一、邢　窑 …………………………………… 062

二、定　窑 …………………………………… 066

三、青白瓷 …………………………………… 073

四、卵白釉瓷 ………………………………… 079

五、德化窑 …………………………………… 081

青花瓷

一、扑朔迷离——唐青花 …………… 091

二、浑然大气——元青花 …………… 093

三、明代青花瓷器 …………………… 100

四、清代青花瓷器 …………………… 113

单色釉瓷

一、黑　釉 ………………………… 129

二、蓝　釉 ………………………… 135

三、红　釉 ………………………… 138

四、黄　釉 ………………………… 142

彩绘瓷

一、长沙窑 ………………………… 150

二、磁州窑 ………………………… 156

三、景德镇窑 ……………………… 161

参考文献与延伸阅读书目 ……………………………… 188

瓷器的发展历程

　　瓷器与指南针、造纸术、火药、印刷术一样，都是我们祖先的重要发明。它不仅为我们的古代文化作出了巨大贡献，同时作为商品出口到国外，是中国与其他国家物质和文化交流的载体，推动了世界文明的发展进程。

　　古代人民日常生活使用的器具大部分是瓷器，碗、盘、茶壶、酒杯、花瓶、香炉、砚台、水丞等等，种类繁多，数不胜数。瓷器或以釉色取胜，或以造型占美，或以表面的纹饰而受到大家的青睐。龙凤纹、夔凤纹、云龙纹、麒麟纹、婴戏纹、山水纹、花鸟纹、人物故事纹等等都是大家喜闻乐见的题材，反映了古代人们的社会生活、审美趣味和思想追求。吉祥、喜庆的意味浓厚，体现出了人们向往幸福生活的普遍愿望。

　　至晚从唐代开始，南北方生产的青瓷、白瓷、黑瓷等瓷器就通过海上和陆上丝绸之路运往世界各地，西达非洲东海岸，东到朝鲜半岛、日本等地，南至南洋诸岛，均发现了唐代以迄明清时期的瓷器。宋元时期福建、广东等地的瓷器生产兴起，产品更是行销海内外。明清时期景德镇生产的青花、五彩等瓷器与丝绸一样都是欧洲贵族争相竞购的奢侈品，至今一些大庄园、城堡中还陈设着这些瓷器，作为一种财富、地位的象征。

一、原始瓷器

　　中国至迟在商代就开始烧制带釉的原始瓷器。原始瓷器的出现是新石器时代至商周时期窑业技术不断积累和发展的结果。原始瓷器与陶器在原料选择、施釉工艺、烧成温度等方面都有着显著的不同。原始瓷器开始以瓷石作为原料，表面施釉，且烧成温度较之陶器提高了很多，达到1200摄氏度左右，因而烧制出来的器物表面光滑，胎质坚硬，敲之有金石声。

　　原始瓷器自商代出现后，历经西周、春秋、战国，至秦汉时一直烧造。商代原始瓷器主要出土于黄河中游的河南、山西、河北等地，以及长江中下游的湖南、湖北、江苏、安徽等地。商代原始青瓷的胎质较为粗糙，有的含有很大的颗粒物；釉色为灰褐色、茶褐色、灰黑色，或微微泛黄色，釉层厚薄不均；成型方法还是原始的泥条盘筑法，因而很多器物的造型不规整，常有歪曲的现象；器形主要仿自当时盛行的青铜器，有簋、豆、尊等造型。

周代原始青瓷发展迅速，出土原始青瓷的范围也逐步扩大，除了古代文化发达的区域外，周边的浙江、福建、安徽皖南等地都有大量发现。器形较之商代也不断增加，有碗、尊、豆、簋、瓮、盉、盂等。安徽皖南土墩墓中出土的原始青瓷尊（图1）高17.7、口径17厘米，喇叭形口，扁圆腹，高圈足，釉色呈茶褐色，釉层厚薄不均，且有流釉的现象，口沿部位有弦纹，腹部饰网纹、弦纹、倾斜的锯齿纹。周代原始瓷器表面还流行水波纹、"S"形纹、方格纹、席纹、曲折纹、乳钉纹等。

战国之初，由于采用了拉坯成型的先进技术，原始青瓷的造型规整匀称，底部常常有一道道切割痕迹，釉色也开始由灰褐色变成黄褐色。战国原始青瓷竖条纹双系罐（图2）的釉色滋润，有光泽，器表饰竖条纹，整齐划一，反映了当时高超的制瓷技术水平。

图1 西周原始青瓷尊

图 2　战国原始青瓷竖条纹双系罐

此时盛行的器形还有圈足簋、筒形罐、圈足尊、碗、钵等，种类多样。

二、曙光初现

大约在东汉末期，浙江地区的先民们在烧制原始瓷器的过程中，提高了烧成温度，终于烧制出了真正的瓷器。真正的瓷器使用瓷石作为原料，在1200摄氏度的高温下烧成，烧出的瓷器表面光滑、洁净。由于我国很多地方的地下埋藏着烧制瓷器的瓷石，而且烧窑的木材漫山遍野，因而烧窑区域不断扩大。且长达几十米的龙窑一次可以烧制成千上万的瓷器，因而价格低廉，深受大家的欢迎。

东汉时期，烧制青瓷的瓷窑遍布大江南北。北方地区的河南、河北都发现了一些瓷窑。但是相比于南方地区，不管在数量还是质量上，北方地区都不能与之相提并论。南方地区的浙江、江苏、湖南、江西、广东等地都出土了大量的青瓷，尤其以浙江地区发现得最多。浙江地区具备烧制瓷器的优越条件，发现了众多窑址，主要集中在上虞、宁波、绍兴、德清、余姚等地。

东汉末期由于处于瓷器烧制的最初阶段，因而大家掌握的技术不够全面，只能烧制表面为青色或青褐色的青瓷，还有少量黑瓷。青瓷的胎骨较为坚致，采用浸釉的施釉方法，釉层厚薄均匀。主要烧制日常生活用器，有碗、盏、盘、壶、洗、罐（图3）、水盂、虎子、耳杯等，耳杯是模仿漆器而制成的。纹饰主要以几何纹为主，有弦纹、水波纹等。
此外还使用模印贴塑的技法，在罐、壶等腹
部贴塑泥条（图4）、衔环铺首等。黑釉瓷器
以浙江省德清窑烧制的最为精致，釉色漆黑，
光亮洁净，有的表面还有冰裂纹。

图3 东汉越窑水波纹罐

图4 东汉贴塑泥条青瓷罐

汉代时期瓷器的出现逐渐开始改变了中国古代使用器具的材质，青铜器、漆器这些较为贵重的器物慢慢地退出了历史舞台，而原料充裕、工艺简单、产量巨大、成本较低的瓷器一经问世便受到人们的喜爱，广泛地使用于日常生活之中。

三、青瓷之风

三国两晋南北朝延续了三百多年，整个社会基本上处于动荡之中，特别是北方地区。而南方地区较为安定，因而瓷器的生产也较北方发达。南方地区瓷器的生产主要集中在浙江地区，质量和产量均较高，代表了当时瓷器生产的最高水平。北方由于连年混战，工匠流离失所，烧制的瓷器也很少。

魏晋南北朝时期，青瓷烧制的成就突出。胎料淘洗得更加干净，造型也逐渐摆脱了传统式样，出现了较多的仿生瓷、模型瓷和人物塑像。仿生瓷以猪、狗、牛、羊、鸡等日常生活中习见的家畜、家禽为主。模型瓷的

图 5　西晋青瓷对俑

种类更加繁多，有房屋、猪圈、羊舍、谷仓、厕所等等。具有个性化的人物塑像也逐渐增多。湖南省博物馆收藏的西晋青瓷对俑（图5）高16.5、宽15.5厘米，两个人俑头戴高冠，中间有一个书案，置有笔、简册等文房用品，这可能描述的是当时勘书、校书的场景。此外，还有骑马俑、抚琴俑、顶罐俑等，衣饰清晰，动作细致，从中我们可以看出古人的生活习惯以及相关的社会制度。

青瓷表面的纹饰多样，有网格纹、菱形纹、圆圈纹、弦纹等等。魏晋南北朝时期虽然社会动荡不安，但是文化繁盛，是继春秋、战国诸子百家之后，又一个思想解放的时代。佛教思想逐渐与本土的玄学结合，佛教文化中的莲花纹也在瓷器表面出现，留下了历史的烙印。大型的青瓷莲花尊代表了当时青瓷制造业的最高水平。河南省上蔡出土的北朝青瓷莲花尊（图6）高49.5、口径17.3、底径16.8厘米。盖上有一圈锯齿纹。喇叭形口，圆

图6　北朝青瓷莲花尊

腹，高圈足，腹部上下共有六层莲瓣纹，有的为覆瓣。釉层均匀，釉色青翠，莲花的花瓣处有积釉呈玻璃状。此时烧制青瓷的窑址范围继续扩大，延伸到湖南、湖北、福建、四川、广东、广西等省区，后世的窑址基本上都是在此基础上发展起来的。主要的窑址有越窑、婺州窑、瓯窑、磁灶窑、湘阴窑、怀安窑等等。

除了青瓷之外，北方地区在北齐晚期首创了白瓷。1971年河南省安阳县北齐武平六年（575年）范粹墓中出土的白釉绿彩长颈瓶（图7）高22、口径6.7、底径7厘米，敞口，丰肩，圆腹，实足。釉色白中微微泛黄，如牙黄色，腹部还涂抹有绿彩，与白釉交错相杂，斑驳陆离。范粹墓中出土的白瓷是我国最早出现的白瓷之一，拉开了我国生产白瓷的序幕。白瓷的出现在中国陶瓷史上具有划时代的意义，后代很多的瓷器品种都是在白瓷的基础之上派生出来的，如青花瓷、粉彩瓷、珐琅彩瓷等等。

图7 北齐晚期范粹墓出土白釉绿彩长颈瓶

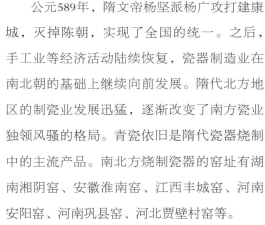

四、南青北白

　　公元589年，隋文帝杨坚派杨广攻打建康城，灭掉陈朝，实现了全国的统一。之后，手工业等经济活动陆续恢复，瓷器制造业在南北朝的基础上继续向前发展。隋代北方地区的制瓷业发展迅猛，逐渐改变了南方瓷业独领风骚的格局。青瓷依旧是隋代瓷器烧制中的主流产品。南北方烧制瓷器的窑址有湖南湘阴窑、安徽淮南窑、江西丰城窑、河南安阳窑、河南巩县窑、河北贾壁村窑等。

　　墓葬及城址中发现的白瓷质量较高。1959年河南安阳隋文帝开皇十五年（595年）张盛墓、陕西西安隋炀帝大业四年（608年）李静训墓中出土的一批白瓷器，代表了隋代白瓷烧制的最高水准。虽然白釉中还微微泛青，但较之北齐末期范粹墓中出土的白瓷则进步得多。张盛墓中出土的白釉黑彩侍卫俑（图8）高72

图8　隋代白釉黑彩侍卫俑

厘米，顶束发戴冠，外着衣衫，腰部束带，双手上抬按剑，立于莲花座上。隋代还流行鸡首壶、盘口壶、唾壶（图9）、四系罐、高足盘等器形，造型优美。

　　隋代使用最多的装饰手法为印花、贴花工艺，题材除了继续沿用北朝时期流行的莲花纹、卷草纹外，朵花纹更为常见。隋代立国虽仅三十多年，但是南方瓷业的逐步恢复，北方瓷业的快速发展却为继之而起的唐代瓷业打下了坚实的基础，也为唐代瓷业"南青北白"格局的形成做了铺垫。

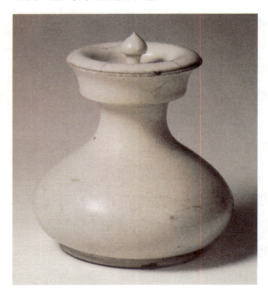

图9　隋代白瓷唾壶

唐代建立后，统治者继续沿用隋朝建立的各项较为完善的制度，并逐渐采取了一系列措施来恢复经济，与民休息，国力很快地得到恢复，并出现了"贞观之治""开元盛世"的兴盛局面。由于政治的安定，经济的复苏，南北方的瓷业开始陆续恢复生产，逐渐出现了南方以越窑为代表的青瓷和北方以邢窑为代表的白瓷两大瓷业生产体系。

越窑从东汉开始烧制瓷器，一直延续到宋代，唐代发展到鼎盛阶段。特别是晚唐五代时期专门为皇家烧制的"千峰翠色"的秘色瓷具有高度的造型和艺术美感。瓯窑、婺州窑、邛崃窑、岳州窑等窑址也基本上以烧制青瓷为主，在唐代得到进一步的发展。中晚唐时期兴起的长沙窑，以独特的釉下彩绘技法烧制出精美绝伦的彩绘瓷，且由于国外市场的需要，还大量生产制作一批带有显著中亚地区风格的瓷器。

北方地区除了邢窑烧制白瓷外，巩县窑、密县窑等烧制的白瓷也达到了很高的水平。邢窑中带有"盈""翰林"等字款的瓷器一般质量较高，可能为供奉内廷的官窑瓷器。

唐代寿州窑烧制的高温黄釉瓷器，黄釉润泽，纯正典雅，显示了黄釉烧制技术的日渐成熟。浑源窑、淄博窑、耀州窑除了烧制青釉器外，所产黑釉瓷器釉质晶莹剔透，色黑如漆。唐代首创花釉瓷，一般在黑釉、黄釉、天蓝釉等釉色上施加月白色、天蓝色的斑块，斑块形态各异，与底釉交织在一起，绚丽多彩，美轮美奂。双系罐、葫芦瓶、腰鼓等器物上多见此种装饰。绞胎瓷器也是唐代新创的瓷器品种之一。将两种色调的瓷土糅合、交织在一起，然后成型、烧制而成。绞胎瓷器的制作难度大，一般以碗、盘、盆、枕等小型器物为主。

五、异彩纷呈

宋代制瓷业水平远超前代。如今闻名世界的五大名窑都出现在这一时期，有定窑、汝窑、哥窑、官窑、钧窑。景德镇烧制瓷器的水平也大大提高，开始烧制青中带白的青白瓷，很多运往国外销售。宋代烧制青瓷的地方依旧在浙江，但是开始转移到龙泉地区，称之龙泉窑。南方地区的福建泉州、广东潮州、广西永福等地开始烧制大量供出口的青瓷、白瓷、黑瓷等。北方地区出现了以烧制白地黑花、褐花为特色的磁州窑。磁州窑烧制的产品胎料选择不精，器形较大，装饰工艺粗犷豪放，题材以花鸟、山水、人物故事、龙凤等为主，极富民间生活意趣。

与宋政权同时并存的辽代烧制的瓷器具有契丹族风貌。契丹族是北方少数民族，以游牧为生，使用木器、金属器为主。受南方地区汉文化的影响，陶瓷器的生产和使用在其日常生活中也逐渐占据主流。重要的辽代瓷窑址有赤峰缸瓦窑、林东辽上京窑、辽阳江官屯窑等。鸡冠壶、鸡腿瓶是最具辽代民族特征的器物，奇特的造型主要是便于契丹人骑马时使用。鸡冠壶（图10）又称为皮囊壶，器身扁圆，下腹较大，除了白釉外，还有绿釉、黄釉等。

到了元朝时期，烧制瓷器的中心开始转移到江西景德镇，主要烧制青白瓷和青花瓷等高温瓷。青花瓷器在唐代就已经出现，宋

图10　辽代白釉鸡冠壶

代没有得到进一步的发展，但到了元代，制瓷艺人重新掌握了相关的技术，青花瓷器才开始兴盛起来。

六、争奇斗艳

明清时期是中国古代封建社会发展的最后阶段。由于社会稳定、技术进步，人们能够制作出各种各样精美绝伦的瓷器。从明代中期开始，江西景德镇地区几乎垄断了全国瓷器的生产，产品行销海内外。这一时期，中国的瓷器生产出现了两大系统：一是专门为皇室烧制的官窑瓷器，一是供老百姓使用的民窑瓷器。官窑瓷器使用的原料和工艺技术都比民窑瓷器精细。

这个时期釉下青花、釉里红，釉上五彩、粉彩，釉下和釉上斗彩瓷都得到了长足的发展，产品精美绝伦，冠绝古今。明代永乐、宣德年间开始使用进口的青料绘制青花瓷器，青花发色浓艳，成为后世大家竞相追捧的绝世珍品，清代前期统治者刻意加以模仿，几可乱真。清代康熙时期青花瓷器的纹饰开始吸收中国绘画的一些技法，在其表面表现出了"墨分五色"的效果，立体感强烈。五彩瓷器以黄、红、绿、黑、蓝等绚丽艳丽的色彩深受大家的喜爱，自康熙朝创烧后，一直作为重要的瓷器品种而持续生产。粉彩瓷器胎体细腻、色调柔和、纹饰雅致，是官窑瓷器生产的主流。成化时期烧制的斗彩瓷器娇巧喜人，更是一代绝品。

明代初年，郑和下西洋，海路开通，中国瓷器也源源不断地作为商品被输送到海外。至今，在欧洲的很多博物馆都可以看到数量众多，且纹样具有典型欧洲风格的外销瓷。这些都是当时西方人在景德镇订烧的瓷器，由他们提供画稿，画师们依据画稿在瓷胎上绘制，然后再放入窑中烧制而成。

青

瓷

青瓷作为中国最早创烧出的瓷器品种，从东汉末期出现以来，一直延续到明清时期，时间跨度约两千年。青瓷釉色基本上是青绿色，有的为青褐色、青灰色、翠青色、粉青色等等，但都是以青绿为主色调。青瓷以其淡雅的釉色、巧夺天工的造型使得人们为之痴迷。浙江地区开风气之先，首创青瓷，从而奠定了浙江在中国陶瓷史上的特殊地位。越窑烧制的"千峰翠色"的秘色瓷更是专供皇家使用的青瓷绝品。紧随其后，浙江其他地区的婺州窑、瓯窑等诸多窑也竞相烧制青瓷，都取得了辉煌的成就，并采用刻、划花的独特技法。

虽然青瓷是在南方特殊的地理环境和人文背景之下产生的，但是北方铜川的耀州窑在宋代也烧制出了精美绝伦的青瓷。

宋代五大名窑中有四个都以青瓷而闻名于世。汝窑、官窑、哥窑、钧窑的存世量极少。哥窑、官窑更是以其身世之谜吸引着大家的目光。

龙泉窑继越窑而兴起，并在南宋末年，以其如玉似冰的"梅子青""粉青"釉色而得到大家的青睐。碧玉如一抹春霞、静谧似一泓绿波，青瓷在两千多年间一直续写着自己的传奇，谱绘出一幅幅动人的画卷。

一、越 窑

　　越窑，作为中国最早烧制瓷器的窑址之一，在中国陶瓷史上拥有崇高的地位。从东汉末年开始烧制青瓷，历经魏晋南北朝，至唐五代时期烧制出"千峰翠色"的青瓷，雄视宇内，达到了历史的巅峰时期。后来由于资源、交通等原因，瓷器的生产开始转向浙江南部的龙泉地区。从宋代开始，随着龙泉窑的日渐兴盛，越窑彻底地湮没无闻了。

　　越窑主要位于浙江上虞、绍兴、余姚一带。由于是从原始青瓷中脱胎而来，东汉时期越窑所产青瓷的胎质还较为粗糙，釉色也不纯净，青中带灰。但是由于瓷器所具有的诸多优点，很快便取代了漆器、金属器、竹木器等，开始广泛地出现在人们的生活之中。

　　至三国吴国时期，越窑的窑址范围继续扩大，现已发现的窑址数量比东汉时期增加了三四倍，烧窑地区也延伸到萧山、宁波、慈溪等浙江东部地区。越窑青瓷在三百多年的发展历程中，胎料、釉色、器形、纹饰等方面不断改进，日臻完善。由于当地瓷石中铁元素含量较高，导致胎体依旧呈现出灰色，不过胎料的淘洗更加精细，杂质明显减少。除了青灰色外，釉色也开始出现一些青绿色，显示出青瓷所特有的宁静安谧的色调。三国时期越窑青瓷的造型主要有饮食器具、文房用具、饮酒器具等等，饮食器具以碗、盘、盏、钵、盘口壶（图11）等常见，汉代以前一直用石材制作的砚台、水盂也开始出现了

图 11 三国青瓷盘口壶

瓷制品。作为日常饮食用的碗、盘、盆等器物，内部都施釉，外部施釉一般至近底处，底部无釉，可以增大摩擦力；盛水的器物如壶、罐等一般内部不施釉，外部施满釉。

西晋时期，越窑青瓷的造型更加多样，很多器物表面都装饰有动物造型，活泼生动，意趣盎然。鸡首壶的流部就是模仿鸡的造型，酒水从其口部流出，显示了独特的艺术构思。此外还有青蛙水盂、熊形灯台、狮子形烛台、羊形烛台、飞鸟形盏等，将实用器物与动物造型相结合，彰显出那个时代的个性，反映了当时人们的审美趣味。羊形烛台在吴国的都城建康（今南京）及其周边地区出土很多，形象基本上是一致的，都为跪伏状。1974年江苏省南京市西岗西晋墓出土的羊形烛台（图12）高19.5、长26厘米，整体造型丰腴、精致，羊嘴微张，目光前视，身体肥硕喜人，釉色较之一般青釉更加深沉，羊身上的线条刻划精到准确，是一件不可多得的艺术珍品。堆塑罐也是三国西晋时期越窑烧制的一种极富时代特征的器物。一般器形高大，最上部为楼阁式建筑，其下有飞鸟雕塑，最下部为

图 12　西晋越窑羊形烛台

伎乐人物形象，罐腹模印贴塑有羊纹、人物纹等，堆塑罐上的人物和动物形象都是采用写实的手法加以表现，人物冠饰、手执乐器、动物翎羽、毫发均刻划细腻。

现在发现的南朝时期越窑的窑址较为分散，且数量不多，这可能是当时社会的动荡在制瓷业上的反映。前代器形中较多的动物装饰开始减少，以至消失，整个社会的风气变得较为消沉。由于士族门阀兴起，他们的审美趣味开始主导整个社会的风气，"宽衣博带""秀骨清像"成为大家竞相追逐的时

图 13　南朝刻花单柄壶

尚。瓷器的风格也为之一变，器形由端庄矮胖变得修长清丽，整体上给人以瘦长的感觉。"南朝四百八十寺，多少楼台烟雨中"，从唐代著名诗人杜牧的这首《江南春》中我们可以看出，南朝时江南地区佛教盛极一时。梁武帝萧衍曾多次舍身出家到同泰寺，帝王之举，似乎也为这首诗作了最好的注脚。佛教的盛行，使得佛教中的图案如莲花纹、忍冬纹也大行其道，特别是莲花纹，变成了南朝时期最为流行的纹饰，广泛地出现在青瓷表面。故宫博物院收藏的南朝刻花单柄壶（图13）高21.3、口径11厘米，青釉滴翠，表面有冰裂纹，透明度强，色泽似玻璃一般通透，上、下腹部有莲瓣纹，中间刻划卷草纹，线条流畅且有深度，富有立体感，幽静深沉的青瓷与寓意吉祥的莲花相得益彰，营造出一幅超脱自然的画面。

唐代，越窑青瓷真正奠定了它在中国陶瓷史上的地位。"如冰似玉"的越窑青瓷，正是那个时代美的象征。唐代越窑青瓷胎质细腻，几乎不见杂质，釉层厚薄均匀，青翠喜人，真正呈现出了如湖水般的青绿色。西晋时期，人们喜好使用动物作为器物的附属部位。唐代又往往将植物入化到各种器形之中，荷花形碗、海棠式酒杯、菱花形盘等等，都显现出曲线的美感，流线的灵动。当然，这其中也有佛教文化对瓷器的影响。中晚唐时期，出现了新的饮酒器具——执壶。执壶是由六朝时期的鸡首壶演变而来，执壶的流细长优美，弧度适中，造型典雅，且壶底较大，稳定性好，惹人喜爱。宁波市博物馆收藏的越窑青釉执壶（图14）高16.6、口径5.2、底径7.8厘米，直口，瓜棱式腹，前有流，后有柄。瓷器表面除了刻划一些花卉纹外，基本上不见其他纹饰，质朴中不失雅致。有的

图 14　唐代越窑青釉执壶

还在青釉表面加饰褐彩，1980年浙江省临安县唐水邱氏墓出土的一件越窑褐彩如意云纹镂孔熏炉（图15）就是其中的佼佼者，制作精细工巧。上有盖，中为五足炉，下为器座。盖为半圆形，中间略微束腰，炉体为直筒形，底部贴塑五个兽形足，器座也为圆筒形中间束腰。三部分均描绘褐彩，有如意云头纹、双云头纹。晚唐时期，越窑采用了较为先进

图 15　唐代越窑青釉褐彩如意云纹镂孔熏炉

的匣钵技术，将制好的瓷器放入特制的匣钵中烧制，可以避免灰尘等杂质吸附在瓷器表面，提高了瓷器表面的光洁度。匣钵可以叠压放置，因而产量也大幅度提高。

晚唐文人陆龟蒙在《秘色越器》一诗中写道："九秋风露越窑开，夺得千峰翠色来。"此句诗中提到的"千峰翠色"的越窑，指的是晚唐五代时期越窑特别烧制的一种青瓷，名叫"秘色瓷"。千百年来，秘色瓷一直作为一种绝代名瓷被大家所称赞，但是没有人看过真正的秘色瓷。直到1988年法门寺地宫被发现之后，秘色瓷才掀起她神秘的面纱，出现在世人面前，众人为之痴迷。法门寺出土的一块石碑上记载了地宫中一共供奉了十四件秘色瓷器，出土的秘色瓷的器形主要为碗、盘、八棱瓶等。釉色确如古代文人所描述的那样呈现出湖水绿色，如玉似冰，碗、盘的口部都做成花瓣口或葵花口，似一朵朵盛开的莲花。法门寺作为唐代皇家寺庙，享有崇高的地位，地宫中出土的很多器物都是皇帝供奉给佛祖的，因而都是稀世之珍，秘色瓷在当时也是皇家才能使用的宝物。宋代赵令畤说："秘色瓷是越州地区钱氏烧制的。专门供奉给皇室使用，老百姓都不可以使用，因而叫做秘色瓷。"其实秘色指的是它的颜色。在浙江发掘的钱氏家族墓中发现了许多青瓷与法门寺出土秘色瓷相似。越窑遗址中也发现了八棱瓶残件，这更加说明了秘色瓷是越窑烧制的瓷器品种。

二、耀州窑

耀州窑从唐代兴起以来，至宋代达到鼎盛，以其独特的刻、划花的工艺传统傲视艺林。耀州窑位于陕西省铜川市黄堡镇、陈炉镇、立地坡、玉华宫等地，其中尤以黄堡镇最具代表性。

耀州窑在唐代时主要烧制青瓷，其他如三彩、黑瓷、黄釉、白釉等也烧制。此时，耀州窑所烧制的青瓷主要模仿浙江地区的越窑，器物表面也刻划有莲花纹等等，但是器物的造型、釉色、胎料均不及越窑，显示出一种初期仿制的特色。但是作为一种扎根于北方黄土高原的瓷窑，耀州窑一开始就呈现出有别于南方以婉转柔美为特征的瓷器风格，具有北方质朴、憨厚的特性。

宋代是耀州窑发展史上最为鼎盛的时期。《同官县志》上说道："南北沿河有十里多长的地方都是制作瓷器作坊，大家都叫做'十里窑厂'。"耀州窑的青瓷制作水平极高，"方圆大小，皆中规矩"，烧成之后的釉色如"清水盈均"，代表了宋代北方青瓷烧制的最高成就。耀州窑瓷器的造型丰富多彩，既有饮食器、饮酒器、文房器，也有作为摆设的陈设器，琳琅满目。具有特色的器物有瓶、熏炉、盏托、注碗等，如此多的器形，在宋代的瓷窑中还是不多见的。瓶的式样较多，一般都修长挺拔，转角处处理到位，线条优美匀称。上海博物馆收藏的刻划缠枝牡丹纹瓶（图16）器形高大匀称，显示了极高的制瓷和烧制工艺。瓶身高48.8、口径7.5、底径11厘米，撇口，小短颈，长身，腹部分为三层，上、中部均刻出缠枝牡丹纹饰，枝蔓富有弹性，花朵硕大，花脉清晰，下部为莲瓣纹。耀州窑还生产一种器形独特的倒流壶

图16 宋代耀州窑青釉刻划缠枝牡丹纹瓶

图 17　宋代耀州窑青釉刻划牡丹花纹倒流壶

（图17）。1968年陕西彬县出土的青釉刻划牡丹花纹倒流壶高18.3、腹径14.3、腹深12厘米，胎质灰褐色，质地细腻坚硬，釉色青中泛灰，采用刻划的技法表现出鸟纹、牡丹纹、莲瓣纹等。流为一母狮张开的嘴部，旁边偎依着一只吮吸乳汁的幼狮，形象生动，神情逼真，极富艺术感染力。倒流壶最为奇巧的是底部有五瓣梅花形镂孔，腹中有通心管与孔相连，水从壶底孔内进入，直到狮嘴部开始有水外溢时方算盛满。倒流壶这一具有神秘感的装水器具实际上采用的是物理学的虹吸原理。

　　耀州窑最为世人称道的是它的刻、划、

印花技法，工匠们用尖锐的刀具在瓷器表面刻划，线条犀利流畅、圆活生动，技艺之高，叹为观止。流动的线条与莹润青翠的釉色相得益彰，具有独特的艺术风格。耀州窑使用的刻、划花技法高超，线条一边深，一边浅，透过釉层，更突显立体感。题材中盛行民间生活情趣，除了缠枝莲花纹（图18）、菊花纹、牡丹纹外，婴戏莲纹、水波鱼纹、鸭戏莲池纹也大量地使用，更显个性化特征。有的瓷器表面还装饰有蓖纹作为辅助纹饰，使得整齐划一的画面中融入了一些活泼的气息。

作为一种风格独特的瓷窑，在宋代，耀州窑周边的很多瓷窑就开始仿烧耀州窑式样

图18 宋代耀州窑缠枝莲花纹碗

的刻、划花器。河南的宜阳窑、宝丰窑都出土了很多耀州窑式的青瓷。可能是由于当时的民族迁移，一些耀州窑的工匠迁入到现在的广东、广西等地区，因而，如今我们在这两个省也发现了一些烧制刻、划花青瓷器，如广东的西村窑、广西的永福窑。这些地区烧制的青瓷可能主要是供外销，相对于位于关中地区的黄堡镇来说，此地的交通更加便利。

三、汝　窑

汝窑是宋代五大名窑之首。二十世纪五十年代，故宫博物院的专家就开始在河南汝州地区寻找遗存，直到1986年，在河南宝丰县清凉寺才发现它的踪迹。南宋叶寘《坦斋笔衡》中对汝窑有这样一段记载："本朝以定州白瓷有芒不堪用，遂命汝州造青窑器，故河北、唐、邓、耀州悉有之，汝窑为魁。"由于定窑瓷器采用的是叠烧的技法，器口没有施釉，因而，北宋宫廷开始选择汝州烧制宫廷使用的青瓷，这其中包括汝窑器。

　　1987 年，河南省文物考古研究所对宝丰清凉寺遗址进行了考古发掘，出土了二十余件汝窑器。这些器物与故宫中所收藏的流传于世的汝窑器极为相似，证明宝丰清凉寺确实是汝官窑遗址。

　　汝窑的烧制时间极短，据陈万里先生考证，大约存在于宋哲宗元祐元年（1086年）至徽宗崇宁五年（1106年）间。由于烧制的时间很短，且经长期的兵荒马乱，传世的汝窑瓷器极为稀罕，约一百多件。近年来因为汝窑窑址的发掘，获得了一批完整的汝窑瓷器。我们相信随着科学考古工作的陆续开展，更多的汝窑瓷器会出现在人们的视线之中，供大家欣赏，但是数量不会很多。

　　根据两岸故宫及上海博物馆等地收藏的汝窑瓷器来看，汝窑瓷器的造型多样，有碗、盘、洗（图19）、碟、瓶、水仙盆，还有一些仿古器形，如尊、熏炉、匜（yí）、奁（lián）（图20）等。器形比文献中记载的南宋绍兴二十一年（1151年）清河郡王张俊向高宗进献的"酒瓶一对、洗一、香炉一、香合一、香球一、盏四只、盂子二、出香一对、大奁一、

图 19　北宋汝窑洗

图 20　北宋汝窑三足奁

小奁一"少得多。汝窑盘、洗的器口往往做
成花口、敛口、圆口等，式样繁多。汝窑器
物的胎体都较薄，质地细腻，胎骨呈现香灰

色。釉色主要为天青色釉，釉面往往有细小的开片。汝窑还采用了裹足支烧，因而圈足上也有釉层，但底部往往有支烧留下的芝麻点痕，这也是鉴定汝窑瓷器的要点。

由于清代雍正、乾隆皇帝对古代艺术品抱有极大的兴趣，遂下令景德镇御窑厂仿烧汝窑器，先后由年希尧、唐英总领其事。清代仿汝窑瓷器（图21）主要是仿其釉色，器形则主要是清代官窑器中习见的造型，有的甚至在器物底部落下当朝皇帝的年号。雍正年间仿制碗、花盆、贯耳瓶等；乾隆朝仿制

图 21　清雍正仿汝釉双耳瓶

之风更加盛行，器形种类更加繁多，葫芦瓶、高足盘、尊、蒜头瓶等，无不仿制。由于不惜血本，因而有些仿制的作品极为成功，与原物的釉色不相上下。乾隆皇帝稽古右文，一生作诗无数，喜好命人将自己认可的佳作刻于清宫收藏的器物上，因而，很多传世汝窑器的底部或内部都刻有乾隆皇帝的御题诗文（图22）。

图 22　北宋汝窑器底的乾隆御题诗文

四、官 窑

宋代的官窑主要可以分为北宋汴京官窑及南宋南迁临安（今杭州）之后的修内司官窑和郊坛下官窑。两处瓷窑不管在器形上还是在技术上都存在着传承的关系。

南宋文人顾文荐在《负暄杂录》中首次提到北宋官窑，说道："宣政间，京师自置窑烧造，名曰官窑。"由于顾氏为南宋人，时代离北宋不远，因而他的说法应该是可信的。北宋建都汴京，也就是今天的开封。开封城位于黄河边，历史上黄河多次迁徙改道，汴京城早已埋在了距离今天地表七八米深的地下，因而，很难开展相关的考古发掘工作。北宋是否存在汴京官窑也就成了一个谜。但是南宋人叶寘在《坦斋笔衡》中说修内司官窑是沿袭故京的旧制，由此看来，汴京官窑应该还是存在的。故宫博物院还收藏有一些

图23 北宋官窑贯耳瓶

图24 北宋官窑花口瓶

传世品，器形为仿古造型，有贯耳瓶（图23）、簋式炉、花口瓶（图24）等。

宋室南渡后，为了满足宫廷日常生活及祭祀的需求，开始在临安城郊外设立窑场，烧制官窑瓷器。南宋官窑主要分为郊坛下官窑和修内司官窑。郊坛下官窑早在民国年间就已经发现，只是由于当时官窑瓷器深藏宫中，大家还没有深刻的认识，因而窑址并没有得到重视。直至新中国成立后，考古部门陆续进行了两次大规模的考古发掘，郊坛下官窑的地位才逐渐确立。1996年，考古人员又在杭州的凤凰山老虎洞发现了一处宋元时期的窑址，根据出土器物的器形、胎质、釉色可知，这就是大家苦苦寻找的修内司官窑，至此，南宋官窑之谜才得以解开。老虎洞出土的瓷片堆积丰富，堆积在"一边长2米、深0.45米的正方形瓷片堆积坑，出土有一万件瓷器碎片，仅完整或可复原器就达四百多件，包括二十余种器形"。老虎洞窑址出土的器形多样，有弦纹瓶、梅瓶、鬲式炉、觚、套盒、尊、鼎式炉、花盆、碗、盘、穿带瓶、洗、器盖、笔架等，这些器形有的与故宫中收藏的器物一致。南宋官窑的胎土为灰黑色，胎体较薄，表面施加的釉层较厚，釉色多样，有粉青、月白、米黄等色。有的器物釉面开裂，如冰片纹。器物大多采用支钉支烧，这与汝窑的装烧技法一致，也验证了它们之间确实是有联系的。

五、哥 窑

根据明代《宣德鼎彝谱》中记载："内府所藏柴、汝、官、哥、钧、定各窑器皿……"，人们认为宋代存在着哥窑。但是几百年来，哥窑窑址一直没有找到，有人否定其存在，有人支持，众说纷纭，哥窑之谜正如创世纪的洪水一样，扑朔迷离。

有的人根据元代至正二十三年（1363年），孔齐在其所著《至正直记》中所提及的"哥哥洞窑"，认为"哥哥洞窑"就是"哥窑"。文中记载道："乙未冬在杭州时，市哥哥洞窑者一香鼎，质细。虽新，其色莹润如旧造，识者犹疑之。会荆溪王德翁亦云，近日哥哥窑绝类古官窑，不可不细辨也。"此处的"近日哥哥窑"应当为元代瓷窑，与宋代的哥窑应该是两回事。

明代陆深在其《春风堂随笔》中记道：

"哥窑，浅白断纹，号百圾碎。宋时有章生一、生二兄弟，皆处州人，主龙泉之琉田窑，生二所陶青器纯粹如美玉，为世所贵，即官窑之类，生一所陶者色淡，故名哥窑。"明代陆深认为哥窑为章生二所制，且"纯粹如美玉"，但是由于没有发现窑址，对这些文献的利用还是有很大的局限性。

结合传世的哥窑瓷器及文献记载可知，哥窑瓷器的造型主要有炉（图25）、瓶（图26）、洗、罐之类。胎色一般呈现黑色、灰褐色，釉色丰富，有月白色、米黄色、粉青色等等。由于胎体色调较深，且高温环境下釉汁融化下流，器口沿部分的胎体逐渐地显露

图26 北宋哥窑贯耳瓶   图25 北宋哥窑双耳炉

出来，在青色的釉料映衬下呈现出暗紫色，底部胎体也为黑灰色，因而有"紫口铁足"一说。哥窑器的釉表往往有粗细不一的裂纹，谓之"百圾碎"，这主要是由于胎、釉的膨胀系数不一所导致的。由于这些裂纹自然天成，稀稀疏疏，给人以一种美的享受，人们称赞其为"金丝铁线"。

六、钧　窑

20 世纪50年代，一些陶瓷研究者在河南禹县的八卦洞、钧台等地发现了诸多窑址，这就是闻名世界的钧窑。钧窑虽然以其绚丽多彩的窑变名扬寰宇，但是根据其釉料配方及烧成技术认为它同样属于传统的青瓷系统。

根据20世纪70年代以来多次的考古发掘和实地勘察，可知钧窑始烧于唐代，与当时的花釉瓷器有着内在的关联。宋代由于采用了特殊的釉料，技术得到突破，钧窑生产达到顶峰。辽、金之时，钧窑产品依旧受到人们的欢迎，当时属于辽、金统治地区的河北、内蒙古、辽宁等省份出土了大量的钧窑瓷器。元代继续烧制，使用的范围更加普遍，元代集宁路古城遗址中出土的钧窑瓷器数量众多。

钧窑窑址中唐代地层出土的瓷器主要为茶叶末釉、黄褐色釉，与典型的钧窑瓷器存在着一些差别。1974年至1975年，河南省博物馆对钧窑窑址进行了科学发掘，清理出了一些房址、窑炉及千余件钧窑瓷片，有的器物可以复原。根据出土的"宣和元宝"钱范可知，这些标本的年代大约在北宋晚期。2001年对禹州钧窑遗址再次进行了科学发掘，又一次肯定了典型钧窑器从北宋末年开始烧制的事实。

清代佚名所著《南窑笔记》中记载："北宋均州所造，多盆奁、水底、花盆器皿。颜色大红、玫瑰紫、驴肝、马肺、月白、红霞等色。骨子粗黄泥色，底釉如淡牙色，有一、二数目字样于底足之间，盖配合一幅之记号也。釉水葱茜肥厚，光彩夺目。"作者所列举的这些特征确是钧窑区别于其他瓷窑器物的显著特点。

首先，由于艺人们在釉料中加入了少量

的铜，使得烧制出来的钧窑表面釉色呈现出
灿如艳霞的紫红色。钧窑瓷器的主色调为蓝
色，根据色调的深浅又可以将其分为天青和
天蓝色，甚至于月白色。幽青淡紫的釉色如
夏日傍晚的点点霞光，又如月夜下的流星，
润泽宁静。故宫博物院藏钧窑玫瑰紫海棠形
盆（图27）高5、口径13.8厘米，整体形态为
六瓣海棠形，底部有四个如意云头扁平足，
胎质厚实，外壁施加凝重浑厚的天蓝色釉，
天蓝中夹杂着玫瑰紫色，底部有酱釉。流传
至今的很多北宋钧窑器均为花盆，除了海棠
形外，还有圆形、葵花形、四方形、菱方形
等，式样不一。洗也是宋代钧窑的主要器形

图 27 北宋钧窑玫瑰紫海棠形盆

图 28　北宋钧窑月白釉尊　　　　图 29　北宋钧窑海棠形海
　　　　　　　　　　　　　　　盆底部刻的"七"字铭文

之一，有月白色、天青、天蓝等色调。钧窑月白釉尊（图28）高31.6、口径26厘米，大撇口，喇叭形圈足，扁圆鼓腹，尊体上有十二个出戟，釉层肥厚滋润，有油脂光泽。

其次，故宫博物院收藏的传世钧窑瓷器的底部往往刻有铭文，字数多少不等。既有如《南窑笔记》的作者所说的"一"至"十"（图29）的数字铭文，也有"奉华""省符"等文字，这些或许是北宋时期陈设钧窑瓷器的宫殿名。

七、龙泉窑

东汉至隋唐时期，浙江北部地区的越窑烧制的瓷器一直引领着中国青瓷的潮流。五代北宋开始，位于浙江西南部的龙泉地区开始烧制青瓷。由于龙泉周边山峦起伏，植被茂盛，燃料丰富；瓷土资源蕴藏量很大，瓷土的质量较高，杂质很少；且临近河流，便于淘洗和运输。因而生产和制作瓷器的成本较低。这些优越的条件使得龙泉地区一跃成为宋、元时期最大的青瓷生产地。一直到清代，龙泉窑的窑烟都没有片刻停息，只不过其产品仅供周边地区使用，不广为人知而已。龙泉县周边的丽水、庆元、云和、武山等地也烧制青瓷，其中以大窑、金村烧制的青瓷最为精致典雅。

北宋之前，龙泉窑烧制的青瓷质量较低，釉色滋润度不高，釉层稀薄，有开片及流釉

的现象，色调不稳定，有的青中带黄。器形
单一，主要是一些饮食器具，还有一些随葬
用的五管瓶，无法得到市场的认可。这时期
的器物在器形、釉色和纹饰中都可以看出它
与周边其他窑之间的相似性。五管瓶（图30）
是北宋时期烧制的典型器物，一般瓶盖作覆
盆式，颈部分为三至四层台阶状，有的上面
刻有莲瓣纹、网格纹等，圆腹，大部分都刻
有纹饰。五管瓶在浙江一带的北宋时期墓葬
中很是流行。

图 30　北宋龙泉窑青釉五管瓶

图 31 南宋龙泉窑青釉直颈瓶

　　随着烧制经验的积累，加上周边瓷窑工匠的介入，可能也与北方政权南迁，烧制贡瓷的秘方在民间流传有关，从南宋中期开始，龙泉窑烧制的青瓷逐渐形成了自己的特色，特别是在釉色和器形方面。可以认为是继越窑之后青瓷发展的第二个高峰。

　　南宋中期，龙泉窑除了继续烧制早期的器形之外，还出现了诸多新的器类，有的品种还可以细分为众多小类，器形有的可以在同时期的其他窑址中发现，但是很多都是具有首创性的。炉可分为八卦炉、三足炉、奁式炉、鼎形炉等；瓶也是种类较多的器形，有龙虎瓶、五管瓶、胆式瓶、直颈瓶（图31），等等。总体的造型显得端庄典雅，器物的胎体较厚，圈足宽阔，有一种稳重感。由于南宋时龙泉窑采用了新的釉料——石灰碱釉，石灰碱釉在高温下的黏度比较大，釉料不容易流淌，烧出的釉层厚实饱满，工匠们也掌握了烧成温度，因而烧制出了举世无双的如同艾色的粉青（图32）、梅子青等乳浊状釉。这两种釉色是中国古代青瓷釉色美的代表，一经出世，便博得大家的认可。南宋时期，龙泉窑所使用的瓷土分为两种，一种为白胎，一种是黑胎，以白胎产品较多。白胎产品，由于釉层较厚，釉表油润性好，因而可以采用浮雕、贴花的技法，使得纹饰看起来更有

图32　南宋龙泉窑粉青釉鬲式炉

图 33　南宋龙泉窑青釉佛像

立体感，白色的纹样置于梅子青色之中，清新自然，匀润精致；黑胎主要是在瓷土中加入了少量的紫金土，降低胎体的白度，黑胎产品数量不多，且胎体较薄。南宋时期官窑器的典型特征就是"紫口铁足"，这一特征与龙泉黑胎瓷极为相似，因而，有的人认为黑胎瓷器是龙泉窑仿官窑的作品。在此时期，文房类的水注、水盂、笔筒、笔山等很是流行，各式案头供器如香炉、佛像，也随着佛教的世俗化而大量出现。浙江省博物馆收藏的青瓷佛像（图33）高27.1厘米，脸部和底座下部未施釉，其他部位青釉滋润莹洁，人物衣饰的转折处由于釉层较薄露出白色的胎骨，俗称"白筋"。仿古器也大量出现，主要是仿制古代的铜器、玉器，这与宋代金石学的兴盛有着密切的关系。宋真宗时期，在乾州掘出一件古鼎，真宗命儒臣考证，被认为是"史信父甗（yǎn）"。随后欧阳修、吕大临等编写了《集古录》《考古图》等金石图录，金石学至此大兴。龙泉窑烧制的仿古器就是根据这些出土器物的造型而制作的。

元代，龙泉窑依旧保持着旺盛的生命力。龙泉地区元代烧制青瓷的地区比宋代多出七八倍，龙泉窑的产量大幅度提升，但是质量却一直下降，这与龙泉窑在元代实行的营销模式有关。元代统治者鼓励海外贸易，龙泉窑作为沿海的瓷窑，具有得天独厚的优势。烧制的瓷器可以沿着瓯江顺流而下，直达海外贸易港口明州（今宁波）、温州等地。过去，曾在宁波市宋元时期市舶司码头发现数以万计的龙泉窑青瓷碎片，这些青瓷应该都是在搬运的过程中损坏丢弃的，可以想见当时海外贸易瓷中龙泉青瓷数量是很惊人的。

龙泉青瓷主要运往东亚的日本、朝鲜半岛、东南亚的越南、暹（xiān）罗（今泰国）、马来西亚，非洲东部沿海国家以及欧洲等国。1975年，在韩国西南部的新安海域发现了一艘元代的贸易船，打捞出瓷器一万多件，其中龙泉青瓷就有九千多件，占到了百分之九十以上。元代龙泉窑青瓷的时代特征很明显，器形中较多地出现了大型的洗、高足杯、高足碗、大罐等，纹饰中的双鱼纹（图34）、荷叶纹、云龙纹代表了当时的风格，有的器物上面还模印有元代的八思巴文。1975年上海市南汇县出土的龙泉窑青釉模印贴花龙凤纹

图 34　元代龙泉窑青釉双鱼纹洗

图 35　元代龙泉窑青釉龙纹荷叶形盖罐　　　图 36　明初龙泉窑青釉花卉纹执壶

大罐（图35）高28.6、口径24.8、底径18厘米，器形浑圆敦厚，盖为荷叶式，边缘波曲流动，与龙纹交相呼应。有的器物表面还装饰有菊瓣纹、弦纹、折枝花纹等等。

　　过去，大家一致认为龙泉窑在元代之后就没落了，再没有烧制出精美绝伦的青瓷产品。但是北京故宫博物院确实有一些具有明代初年特色的青瓷（图36），对于是不是龙泉窑烧制，大家都不敢确定。但是2007年浙江龙泉地区明代早期地层的发现，及其中包含的大量制作精美的器物的出土，揭开了明代早期龙泉窑烧制贡瓷的事实。随着越来越多资料的出现，明代龙泉窑在中国陶瓷史上的地位必将会得到重写。这一时期龙泉窑还继续烧制青瓷，器形硕大，造型稳重，纹样自然对称，以花卉纹为主，与同时期的青花瓷器的纹样一致。

宋、元时期，由于龙泉窑深受人们的喜爱，浙江周边的福建、江西等地的瓷窑也开始仿制龙泉青瓷，但是由于没有掌握关键的技术，烧制的青瓷釉色始终没有龙泉窑的滋润光亮。明末清初之后，龙泉窑逐渐消失在人们的视线之中，再也没有往昔的辉煌。

白

瓷

白瓷

　　白瓷是瓷胎和釉色都为白色的瓷器，白瓷与青瓷是中国陶瓷史上交相辉映的两大瓷器体系，"如银似雪"是对它的最高称赞。河南安阳北齐范粹墓中出土的一批白瓷拉开了中国白瓷的序幕，这些白瓷的釉色还不是纯白色，微微泛青或灰色，处于中国白瓷发展的童年阶段。

　　唐代邢窑白瓷横空出世，以自身洁白细腻的胎骨，流动莹润的釉色征服了所有人，大唐盛世的气象在邢窑白瓷身上更显浑厚大气。此时北方白瓷窑址如雨后春笋一般，拔地而起，巩县窑、密县窑、登封窑、曲阳窑、萧县窑等等，目不暇接。宋代定窑得到皇家的青睐，作为贡瓷以供皇家使用，开创了一个新的时代。印花、刻花、划花技法的采用，使得纹样的装饰性更强，流动翻滚的云龙纹层次分明、布局严谨，柔软而富有弹性的莲花纹线条清晰流畅，如行云流水一般楚楚动人。

　　明代景德镇窑独领风骚，永乐时期胎釉细腻的甜白釉瓷续写着白瓷的神话。明清两朝，白瓷一直都作为御窑厂中烧制的一个重要瓷器门类，既有仿古祭器，也有生活用具，异彩纷呈。元代就开始烧制白瓷，至明代达到顶峰的德化窑，以自己独特的瓷石等原料占据着白瓷烧制的另一个高峰。德化白瓷塑像以"白如玉、凝如脂、色似乳"风靡欧洲大陆，成为贵族竞相追捧的奢侈品，得到"象牙白""鹅绒白""中国白"的美誉。

一、邢窑

　　唐代北方最为有名的瓷窑当属邢窑。学者将中国唐代的瓷窑格局概括为"南青北白"，这里的白瓷指的就是以邢窑为代表的北方白瓷，可见邢窑白瓷在陶瓷史上的地位。邢窑位于河北省内丘县城关一带，新中国成立后，考古工作者就一直寻找邢窑窑址所在，直到20世纪80年代，在祁村发现了大量精美的白瓷堆积和烧制瓷器的窑具，邢窑之谜才得以揭开。

　　早期邢窑由于技术尚未成熟，烧制的白瓷器以粗瓷为主。胎体厚重，淘洗不精细。为了掩盖瓷胎的缺陷，往往在制作好的瓷胎上面施加化妆土，然后再施釉，入窑烧制。烧制器物的品种比较单一，以碗（图37）、罐、钵等日用器皿为主。碗类敞口、厚唇、浅腹、宽圈足；钵有敛口、敞口之分，底部为圜底。

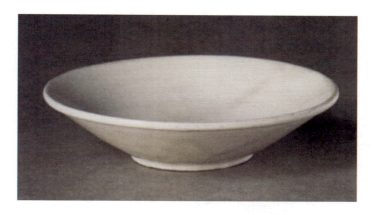

图 37　唐代邢窑白瓷碗

　　从中唐开始，邢窑始烧制细白瓷。唐人在诗词歌赋中大量歌咏的当为这一时期的邢窑白瓷产品。其胎质精细，器胎变薄。由于淘洗次数的增多及其他技术的革新，胎质的洁白度也大为提高，化妆土已不再需要，釉色与胎质一样，洁白似雪，纯净细腻。陆羽在《茶经》中称赞"邢瓷类雪""邢瓷类银"。与此同时，粗白瓷还是继续烧制，但已不是主流罢了。邢窑白瓷执壶的器形优美、造型饱满，浑然一体，多为撇口，直颈，短流，条带状柄，平地，有的为假圈足。白瓷钵腹部出现弯折。

图 38　唐代邢窑白瓷注壶

　　晚唐时期，邢窑继续发展，所制白瓷数量较之前代大为增加。邢窑白瓷的造型由盛唐时期的丰满、浑厚变为轻盈、雅致，罐、唾壶、水注等器物的整体形态变长，腹部收缩。为了使其看起来更加高挑，往往将平底变为圈足。扬州博物馆收藏的白瓷注壶（图38）高17.3、口径7.3、底径11厘米，高颈、外撇、圆腹、短流，器物表面没有任何装饰纹样，以简洁的造型和洁白光泽的釉色取胜。由于受阿拉伯等地区器物造型的影响，皮囊壶、扁壶也都大量出现，造型独特，风靡一时。

邢窑白瓷中还烧制一些带有款识的瓷器，这类瓷器往往烧制精细，为细白瓷，款识以"翰林""盈"等字样为最多。一般出土于唐代的宫殿及寺庙遗址之中，邢窑窑址中也出土了不少带有款识的白瓷。1980年西安唐代大明宫麟德殿遗址中出土了一件"盈"字款白瓷，1992年西安唐代青龙寺遗址中也出土了一件，2003年内丘县出土了带"翰林"款和"盈"字款的瓷罐各一件。"盈"字款（图39）白瓷究竟是什么用途，至今依然没有人能够说清楚。有的人认为是邢窑当年进奉给宫中"大盈库"的贡瓷，是为皇家烧制的；也有人认为是当时为了抢占市场，而将自己的商号名称刻划在瓷器上作为一种标识。莫

图39　唐代邢窑
白瓷"盈"字款盒

衷一是，看来这一谜底的揭开还有待于更多的新的考古资料的发现。

唐代内丘县交通便利，水陆运输发达，陆路可以直通首都长安、洛阳，水路可由大运河顺流南下入扬州、杭州等贸易发达的都市。产品的销路很广，李肇《国史补》云："内丘白瓷瓯，端溪紫石砚，天下无贵贱通用之。"北边至内蒙古、甘肃、陕西等地，南边直到广西、福建、广州都发现了邢窑白瓷。

由于海外贸易的发展，很多白瓷通过海上丝绸之路运往周边国家和地区。"黑石号"沉船上就出土了带有晚唐特征的邢窑白瓷器。难怪有学者这样说道："陶瓷是跨越中世纪东西世界的一条友谊纽带，同时也是一座东西文化交流的桥梁。"

二、定　窑

定窑是北方地区继邢窑之后兴起的又一个以烧制白瓷为主的瓷窑。窑址位于今河北省曲阳县涧磁村以及东西燕山村一带。定窑从唐代就开始烧制白瓷，历经宋、金，至元代由于南北方各地地方窑业的逐渐兴起，定窑才慢慢退出了历史舞台。

作为宋代五大名窑之一，定窑以烧制白瓷而著称，与烧制青瓷的汝、官、哥、钧窑齐名。早在二十世纪二十年代故宫博物院叶麟趾先生就已经对定窑窑址进行了科学考察，确定了定窑窑址的确切地点。五十年代故宫博物院、河北省文物工作队都对其进行了发掘，获得了大批宝贵的资料，基本上厘清了定窑生产的历史脉络。

唐、五代时期是定窑兴起的时期。此时烧制的瓷器以黄釉、褐色釉瓷器为主，白瓷的生产还比较少。生产的一般为日常使用的器具，器形有碗、盘、盏托、水注、盒等。碗为圈足，器壁为45度倾斜，或者略微内弧。釉色白中泛黄，釉层较厚。器表光素，一般没有花纹装饰。

北宋时期定窑形成了自己的特色，以烧制白瓷为主，还有黑釉、酱釉、绿釉瓷器。酱釉瓷器也就是文献中所提及的"紫定"（图40），其釉色"烂紫晶澈，如熟葡萄，璀

图 40　北宋紫定瓶

璨可爱"，明代曹昭《格古要论》云："紫定色紫，有黑定色黑如漆，土俱白，其价高于白定。"确实，在考古发掘中还是以白定瓷器为大宗，酱釉、黑釉、绿釉定瓷很少。

　　个性特征显著的定窑在宋代大放异彩，开创了宋代白瓷生产的新纪元。定窑瓷器使用的胎料一般白中显黄，坚硬细腻，胎质的透光性能较强，敲之可以发出金石声。定窑白瓷的釉色纯白细腻，玻璃质感强，与胎土的黄色相衬，相得益彰。釉层细薄，如一层轻纱覆盖在器表，柔和静素。有的器物外壁有下垂条状凝聚釉，似人的眼泪一般。

　　定窑在造型的设计上也取得了很大的艺

术成就。既有作为老百姓日常生活之用的器具，造型简洁大方、纹饰质朴、实用性强；也有专门为皇家烧制的贡瓷，其中多为瓶、炉、洗、罐等陈设用瓷，异常精美。定窑作为一座既烧制民间日用器物，同时兼烧皇家御用器物的白瓷窑址，在造型和装饰上充分考虑到二者的区别，高雅中不失素朴，纯净中蕴含雅趣。

定窑的装饰手法高超，采用刻花、划花、印花等三种技法，纹样丰富流畅、秀丽典雅。划花技法在晚唐五代时期的越窑产品中就已经出现，北宋时划花技法是定窑主要的装饰手法之一。划花采用蓖形工具划出纹样，枝叶、花朵信手拈来，婉转流畅，没有拖泥带水之感，且由于采用的是斜刀技法，使得所划线条表现出一深一浅的立体感，在釉料的映衬下更觉灵动。其中莲花纹较为多见，有单朵莲纹、双朵莲纹，有的还划出鸭纹，穿插于花枝之中，花枝纤细柔和，花朵婀娜多姿，和谐统一，具有很高的装饰效果。刻花（图41）工艺往往与划花工艺同时使用。

图 41　宋代定窑刻花卉纹瓶

印花工艺是定窑极具表现力的装饰手法，

图 42　北宋定窑印花缠枝牡丹纹大盘

在北宋晚期成熟。是将刻有纹饰的印模印在尚未完全干透的瓷胎内部，一般多用于碗、盘等大件器物的内部。定窑印花纹饰的特点是层次分明，有条不紊，有的从外到内可以分为四五层。模印出的线条清晰流畅，布局严谨工整，艺术水准很高。北宋定窑印花缠枝牡丹纹大盘（图42）口径23.2、高4.8厘米，釉色白中泛黄，如牙白色，口部有一圈银包边，采用印花装饰，盘心为龙纹，周边密布有云纹，游龙躯体较长，翻滚扭转，动感十足，纹饰突出于器物表面，有浅浮雕的效果。此外还有游龙穿凤、莲池野鸭等题材。画面均生动活泼，跃入眼帘，生活艺术气息浓郁。

定窑白瓷中还有一种特殊的带有铭文的

瓷器，这些带有铭文的定窑白瓷主要出土于塔基、墓葬以及窖藏之中。其中以带"官""新官"（图43）两种铭文的最为多见，仅河北定县北宋太平兴国二年（977年）静志寺塔基和至道元年（995年）净众寺塔基中就出土了带有"官""新官"铭文的定窑白瓷达十七件之多，其他如故宫博物院、上海博物馆等单位也收藏了很多带铭文的定窑白瓷。铭文一般书写在器物的底部，以罐、碗、盆为多见。字体以行书为主，有的为草书，但不难辨识。字体笔画刚劲，力度深厚。此外，"尚食局""尚药局""奉华""聚秀""禁宛""德寿""五王府"等铭文也陆续有所发现，其中，"奉华""聚秀"等应该是宋代宫殿的

图43　宋代定窑"新官"款碗底

名称。刻有铭文的定窑白瓷都极为精美，较之民间使用的器物，更加典雅细腻。

　　定窑在宋代迅速发展的同时，为了扩大市场占有率，积极地探寻低成本高产量的技术，发明了覆烧工艺。采用垫圈组合的匣钵代替普通匣钵，每件匣钵可以烧制十几件器物，大大提高了产量，降低了成本。由于覆烧方法的使用，必须将瓷器口沿的釉料刮出，以免在烧制的过程中与匣钵粘连，烧成的瓷器口沿无釉，俗称"芒口"瓷。皇宫大内或达官贵人往往附庸风雅，用金、银等贵重金属包裹在器物口沿，称之为"金扣"（图44）、"银扣"，与明清时期欧洲、东南亚等地区在瓷器的边角包裹金属的做法类似。后来终究因为芒口不堪用而被大家渐渐地遗忘。定窑白瓷也结束了延续数百年的风华。

图44　宋代定窑银扣碗

三、青白瓷

青白瓷是宋元时期以景德镇窑为代表烧制的一种釉色白中泛青的瓷器品种。青白瓷胎质细腻坚致，釉色莹润，白中闪青，釉层明彻，有玻璃质感，人们俗称"影青"。器形的转折处往往釉层较厚，有积釉的现象。青白瓷较之白瓷更加雅致明透，比之元代的枢府瓷莹润过之，如玉似冰，古人称之为"假玉器"。

北宋早期景德镇烧制的青白瓷还处于起步阶段，因而在胎料、装饰工艺、烧成温度等方面还不能熟练地把握。胎质较为粗糙，呈现米黄色，釉色也往往呈米黄色（图45），没有通透明快的质感。从北宋中期开始，由于制瓷原料的精选、工艺技术的提高等原因，景德镇青白瓷的生产开始步入正轨，烧制出了色调纯正的青白瓷。此时青白瓷的胎质洁白精细，轻盈致密，釉色晶莹，温润如玉，

青白瓷的生产达到了最为辉煌的时期，一直
延续到北宋晚期。南宋中期之后青白瓷开始
受到定窑的影响，改进了装烧技术，采用复
合支圈覆烧法，因而碗、盘等器物的口沿部
分无釉，出现了"芒口"，有的器物的釉色泛
青程度更高。

　　宋代青白瓷的造型多样，式样繁多。有
碗、盘、瓶、执壶、注壶、粉盒、枕、熏炉、
烛台、盏托（图46）等。执壶的腹部往往呈
瓜棱形。山东省淄博市博山区出土的青白瓷
执壶（图47）高25.3、口径6.9、底径8.6厘米，
小口外撇，长颈，椭圆腹呈瓜棱形，扁柄，
圆流。整体造型给人以婀娜多姿、轻巧灵动

图45　北宋青白瓷渣斗　　　　图46　宋代青白瓷盏托

的感觉，釉色明快柔和，赏心悦目。宋代江西等地还盛行以青白瓷"龙虎瓶"随葬，一般都成对出土。龙虎瓶也称为堆塑瓶（图48），一般器形修长，颈部和腹部长度相当。颈部上下有荷叶边形的附加堆纹，表面有弦纹，外部堆贴有龙虎、日月、云气等，下部有一圈人物或神人，顶部有盖，盖顶有一只站立抬头的鸟。

图 47　宋代青白瓷执壶

图 48　宋代青白瓷龙虎瓶

　　宋代青白瓷的装饰纹样主要有植物纹、动物纹、人物纹等。植物纹主要有莲花纹、牡丹纹、菊花纹等，一般都是人们日常生活中喜闻乐见的题材；动物纹除了堆塑的龙虎外，还盛行在盘、碗等器物的内部装饰游鱼、鸟禽等，往往配上水草和芦苇，一幅幅活泼生动的画面映入眼前；人物纹中的婴戏纹也是宋代极为盛行的装饰图案，图案中的婴戏或攀花枝，或追跑打闹，极富生活意蕴。

　　青白瓷使用的装饰工艺多样，几乎涵盖了全部的手法，有刻划花、印花、镂空、贴塑、褐彩等等，每种工艺手法均技艺高超，取得了很好的艺术装饰效果。刻划花手法主要运用于碗、盘、瓶等器物上。陕西历史博物馆藏刻划卷草纹梅瓶（图49）高35.1、口径3.7厘米，器形秀美、俏丽，腹部用刻刀在其表面刻划纹饰，刀法熟练，线条流畅。采用"半刀泥"的手法，一边较深，一边较浅，深浅不一，因而釉层也厚薄不一，厚釉处青色更深，富有弹性的枝蔓和釉色相互映衬，更加雅致可

图 49　宋代青白瓷卷草纹梅瓶

观。印花工艺仿自宋代定窑，主要有莲瓣纹、缠枝花卉纹、龙凤纹、双鱼纹等。熏炉的器盖使用镂空装饰，使得器物更加玲珑清秀。

元代早期景德镇烧制的青白瓷器还具有宋代俊秀俏丽的风格，中后期釉色逐渐变得深沉，有乳浊感，釉层也变厚。由于元代海外市场的拓展，青白瓷在海外陶瓷贸易中所占的份额依旧是很高的。

元代青白瓷的整体风格较为浑厚敦实，胎质较厚，已经没有了宋代轻盈小巧的感觉。大型的罐、瓶等器物采用分段粘接成型的技法，器物的内部有明显的接痕。器形较之宋代更加多样，三足炉、双耳瓶、玉壶春瓶、扁瓶、匜、笔架、连座瓶等常见。元代青白瓷沿用宋代的刻划花技法，只是较宋代为浅，因而立体感不强；印花装饰的印痕也较浅，题材以缠枝菊花纹最为多见；用小型的串珠连接而组成的轮廓线也是元代青白瓷常用的装饰技法；元代还使用褐色点彩的技法，在罐、盒、枕、渣斗的口沿等突出位置施加褐色斑点，突破了青白瓷的装

白
瓷

饰技巧，纯净的青白釉色与褐彩交染，融为
一体。首都博物馆藏的青白瓷褐彩荷叶形盖
罐（图50）就是不可多得的精美之作。

图 50　元代青白瓷褐彩
荷叶形盖罐

四、卵白釉瓷

　　景德镇除了烧制青花瓷器外，还烧制一种釉色洁白、器形端庄的瓷器新品种——卵白釉瓷。

　　元代卵白釉瓷胎质细腻，白釉微微泛青，犹如鸭蛋色。卵白釉瓷的器形多样，以盘、碗、高足杯（图51）、执壶等较为多见，其中还有一种折腰式的碗，时代特征最为显著。卵白釉瓷器的装饰手法与定窑相似，以印花

图51　元代卵白釉高足杯

技法最为独特。题材有缠枝花卉纹（图52）、云龙纹（图53）、云凤纹、龙凤纹等，有的盘心内侧花卉间还穿插有"枢府""太禧""福寿"等文字。"枢府"是"枢密院"的简称，是元代重要的军事机关，这些带有"枢府"字样的卵白釉瓷器又称为枢府瓷，应该是当时枢密院定烧的瓷器。一般来说，枢府瓷不管是在胎料、釉色，还是器形、烧成温度上都更胜一筹。

图52　元代卵白釉印花花卉纹盘　　　图53　元代卵白釉印花云龙纹菱花口盘

五、德化窑

德化窑位于福建省德化县，是南方地区著名的烧制白瓷的窑址之一，在德化境内的屈斗宫、南窑岭等地都发现了宋元时期烧制白瓷的窑址。烧制的器物釉色与景德镇窑相似，为白中泛青的青白瓷。元明时期，德化窑窑工在釉料的配制、窑炉的造型等方面均进行了大胆地改进与创新；明代终于获得突破，烧制出如象牙般色调的白瓷，赢得世界的认可和青睐，称之为"中国白""猪油白""鹅绒白""象牙白"；清代民国时期继续烧制白瓷，历久未衰。

明代是德化窑历史上最为兴盛的时期，不管是在胎料的选择，还是器物的造型、装饰上均突破成规，时有创新。我国北方地区所产的瓷土中氧化铝的含量较高，烧制过程中助熔剂就少，直接导致了烧成的胎体致密度不够，显得粗疏浑浊。德化窑由于先天的优势，地下埋藏的瓷土中氧化钾含量较高，在高温烧制下，容易融化粘连，因而烧成后玻璃质感强烈，透光性随之提高。白釉乳白如凝脂，在光照之下，显出淡淡的粉色，极为幽菁迷人。

德化窑生产的产品种类繁多，有碗、盆、碟、壶、盒、杯（图54）等日常用具，宗教中的香炉、烛台、花觚、花瓶等供器也极为流行，造型端庄优雅，釉色白净喜人。德化窑生产的香炉式样奇巧，大者可作为寺庙供奉之器，小者可以作案头把玩之物。香炉（图

图 54　明代德化窑白釉犀角杯

图55　明代德化窑白釉香炉

55）的耳部往往做成象鼻、玉环、狮首等形态，足部也采用马蹄、方戟、兽足等代替一般的柱形足，整体造型或圆、或方，简洁规矩，给人以庄重典雅的感觉，与佛前供器所要求的严肃氛围一致。文人雅士喜好的砚台、笔山、笔洗、印章、印泥盒、笔筒等器具也都有生产。德化窑还生产一种特殊的瓷器造型——军持，军持也称净瓶，是专为佛教僧人、伊斯兰教徒烧制的盛水洗手的一种宗教器具，器形矮小，喇叭口，折腹，在东南亚等地都有大量发现。

德化白瓷的装饰工艺与当时社会上流行的彩绘工艺大相径庭。德化白瓷采用印花、堆花、贴花、刻花、透雕和雕塑等装饰工艺，个性强烈，独树一帜。特别是雕塑工艺的使用将德化白瓷的艺术水准提升到一个后人难以企及的高度。贴花和印花工艺使用得最为广泛，制作的器物也最多。印花工艺是用雕刻好的印模在器物表面戳印，使得纹样显现出来；贴花工艺主要是制作出各式各样的泥片，然后蘸泥浆贴在器物表面，再上釉。贴花工艺较为复杂，但由于纹样是突出于器物表面，因而使得整个画面具有立体感，加之表面白釉的映衬，使器物显得素雅、洁净。

德化窑烧制的器物中最具盛名的当数明代中晚期当地的雕塑名家生产的以佛教、道教为题材的神仙雕塑。何朝宗是明代德化窑瓷塑制作的代表人物，开创了一个新的时代。他以德化所产的优质瓷石为原料，经过多次的淘洗、加工，使其白如玉、洁似冰，并吸收当时均已达到高度艺术水准的玉雕、牙雕、木雕等工艺的精美构思和高超技艺，创造出了风格独特的德化白瓷雕塑。文献中记载何朝宗"善塑瓷像，为僧伽、大士，天下共宝之"，他的作品如今大部分散落在欧洲国家博

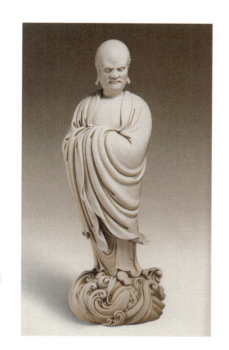

图 56　明代德化窑白釉
达摩渡海雕塑

物馆及私人手中，以雕塑观音、达摩、罗汉
等佛教题材的人物著称。故宫博物院收藏的
达摩渡海白瓷雕塑（图56）是其极具代表性
的作品，达摩塑像高42厘米，釉色白净微微
泛黄，似象牙色泽，达摩浓眉深目，双手前
拱，身披袈裟，衣纹深俊，线条流畅，站立
在波涛汹涌的海浪之上。

　　观音题材的雕塑作品种类繁多，除了常
见的送子观音、渡海观音外，千手千眼观音、

图 57　明代德化窑白釉
观音塑像

水月观音等也是较为流行的造型。重庆市博
物馆收藏的观音塑像（图57）亦为何朝宗制
作。观音双目低沉，作冥思状，头发后梳，
垂结于肩部，上身胸部佩戴璎珞，外披袈裟，
呈半跏趺坐，左手执如意，右手放于膝盖处。
整个观音塑像造型别致，俊逸飘灵，是何朝
宗怀着一颗虔诚的心雕塑出来的，他将观音
大士慈悲为怀的善容通过自己手中的雕刻刀
表现出来，清雅脱俗，给人以无限的想象力。

　　此外，何朝春、张寿山、林朝景等人都
是德化窑历史上著名的瓷雕艺人。他们或以
制作观音大士闻名，或以制作道教文昌帝君

而著称。其瓷雕作品的胎质均细腻柔和、构思巧妙、形态生动、线条流转、手法洗练、格调高雅，为陶瓷艺术中的珍品。

佛教、道教等题材的雕塑，以及佛前供物在福建德化窑中的大量出现，与当地宗教信仰的盛行有关。瓷雕艺术与宗教文化紧密结合在一起，达到了完美的融合与统一。

明代德化窑生产的白瓷制品远销海内外。由于海外贸易的兴盛，德化窑生产的瓷器远渡重洋，销往东南亚、欧洲等地区，在今天的日本、韩国、菲律宾、马来西亚、印度尼西亚、爪哇岛、叙利亚、丹麦、挪威等地都发现了德化窑的遗物。

清代初期德化窑延续明代的风气，生产的器物质量较高，清代中期之后，生产规模日渐缩小，产品的质量和艺术水准均远远地落后于明代。胎土淘洗不够精细，有的器物表面有明显的杂质；釉色缺少油脂光泽，缺少明代那种温润如象牙的质感，釉色白中微微泛青；烧制的器形也发生了很大的变化，主要以生产日常生活使用的瓶、壶、碗等器皿为主，而作为装饰品的陈设器则很少烧制。

青花瓷

一、扑朔迷离——唐青花

青花瓷器由于其细腻的胎质、光亮的釉表、明快的釉色、优美规整的造型，自它一出现就受到人们的极大欢迎，成为我国传统文化中极为耀眼的一个符号，不仅反映了古人高超的造型艺术、成熟的烧造水平，同时也凸显了中国人的审美观念。

青花瓷是以含氧化钴的钴土矿作为原料在瓷胎上绘画纹饰，然后罩上一层釉料，在1200摄氏度的高温下一次烧成的釉下彩瓷。

如今我们知道青花瓷器起源于唐代，但是二十世纪五十年代的时候，大家甚至于都将元代青花瓷器归于明代初期。对处于成熟阶段的青花瓷器的认识都是模糊的，更何况是青花瓷器起源阶段的唐青花，正是1975年的那次考古发掘才揭开了唐青花的神秘面纱。那年，南京博物院等单位为配合扬州师范学

青花瓷

院的工程建设进行考古发掘，在地下四米多深的唐代地层中意外地发现一小片绘画有蓝彩纹饰的瓷枕碎片。这件瓷片的胎体为白色，釉下有蓝彩，绘画菱形纹，由于是初次发现，大家对其还没有深入的研究，不知道这正是青花瓷器的真正源头——唐青花。八十年代之后，扬州陆续地又出土了一些与之类似的青花瓷片，根据科学检测得知其蓝彩的成分确实是后来烧制青花瓷所用的钴料。根据扬州出土的青花瓷片，并参考西安出土的一些唐代蓝彩器物，从而证明了青花瓷起源于距今一千三百多年前的唐代。

1957 年和1970年在浙江的两座塔基下分别发现了青花碗及残片，有些专家称其为宋青花。但是这些观点没有得到大家广泛的认可。是否存在宋青花？如果不存在，为什么会突然消失？这些谜底都有待新的考古材料来揭露。

二、浑然大气——元青花

图 58　元代至正十一年
（1351 年）铭文款象耳瓶

元代，由于政府对手工业大加鼓励，并在景德镇设立了"浮梁瓷局"督烧瓷器，景德镇的窑业有了很大的发展。景德镇的制瓷匠人开始了技术革新，采用了瓷石加高岭土的"二元配方"，烧制瓷器的温度也逐渐提高，器物质地坚硬细密。加上海外市场的刺激，更加加速了其规模的扩大、质量的提高、品种的增多。而青花瓷也开始摆脱原始的形态，逐渐走向成熟。

大家对元代青花瓷的认识始于民国时期流入到英国的一对青花云龙纹象耳瓶。1929年英国人霍布逊发现了这对元代至正十一年（1351年）铭文款象耳瓶 图58 。这对花瓶高63.6厘米，位于花瓶颈部有一段铭文："信州路玉山县顺城乡德教里荆圹社，奉圣弟子张文进喜捨香炉、花瓶一付，祈保合家清洁，子女平安。至正十一年四月良辰谨记。星源祖殿，胡净一元帅打供。"1952年美国人波普将这对青花瓶与土耳其伊斯坦布尔博物馆、伊朗阿尔德比尔神庙中收藏的青花瓷器进行了深入的比较研究，认为它们属于同一个时代，早于明代，并依据这对青花瓷器上的铭文年代归纳出"至正型"青花瓷器的特点。这一研究成果在学界和收藏界迅速掀起了轩然大波，国内外博物馆和藏家纷纷依据这些特征寻找"至正型"青花瓷器。

近半个世纪以来国内元代青花瓷器的搜集与研究也取得了重大成就，特别是几次窖藏的发掘拉开了国内元青花瓷研究的高潮。上世纪六十年代河北保定窖藏出土了第一批元代青花瓷器，著名的元青花釉里红开光式盖罐就出土于此窖藏；八十年代共发现三批，分别为江苏丹阳、江西高安、内蒙古赤峰窖藏，特别是江西高安窖藏，出土的元代青花梅瓶数量之多、制作之精，举世罕见；本世纪初也有一些重要的窖藏，安徽繁昌县、内蒙古林县、内蒙古集宁路古城遗址窖藏等都出土了大量的精美元青花瓷器。这些珍贵的青花瓷器的出土为深入研究元代青花瓷器的特征、前后期特征的变化及元末明初青花瓷器的断代提供了极为重要的原始资料。

过去，大家一般认为瓷器的生产到了元代是处于倒退阶段。民国时期著名古玩收藏大家赵汝珍在所著《古玩指南》中说道："元代以蒙古入主中华，不重文艺，且享国不及百年，完全渡征剿生活，无暇于享乐事业，故元代瓷业无特殊进展，且较宋代为退步也。"从近几十年的考古发掘和传世文物的研究成果上，我们可以看出元代的瓷器生产还是处于一个高峰。在继承宋代的基础上，不是停滞不前，而是不断创新，特别是青花瓷器已经处于成熟阶段。

元代青花瓷器的造型硕大、气势恢宏，且样式繁多，仅青花瓶就可以分为梅瓶、玉壶春瓶、葫芦瓶、盘口瓶、连坐瓶、觚形瓶等等，梅瓶为其中常见的品种。江西高安元代窖藏坑中出土的梅瓶形制基本相似。这件梅瓶（图59）高48.7、口径3.5厘米，小口折唇，溜肩，腹部瘦长，小平底。整个器身采用卷草纹和菱形纹被分为三个层次：最上部

图 59　高安市窖藏出土的元代青花缠枝牡丹纹梅瓶

为倒垂的如意纹，内部绘制水波和盛开的莲花，周围穿插折枝莲花纹；中下部为缠枝牡丹纹，牡丹花朵硕大，花瓣分明，枝条缠绕交错；下部为简化的莲瓣纹。青花的发色浓艳，采用进口的青料绘制。

元青花布局规整，层次繁多，但繁而不乱，题材主要有动物纹、植物纹、人物故事等。动物纹饰中较多的有龙凤纹、孔雀纹、鸳鸯纹、海马纹、瑞兽纹、芦雁纹、莲池鱼藻纹、麒麟纹、仙鹤纹等等；日常生活中的牡丹、莲荷、石榴花、梅花等植物是元青花纹饰取材的直接源泉；元青花人物纹饰题材主要为历史故事，有鬼谷子下山、尉迟恭单骑救主、昭君出塞、三顾茅庐、周亚夫屯细柳营等，涉及的人物大都是秦汉至隋唐以来的著名历史人物，如战国谋略家鬼谷子、秦将蒙恬、汉初名将韩信、汉文帝时的周亚夫将军、唐开国元勋尉迟敬德将军，同时这些重要人物都是与军事相关的著名人士。武汉市文物商店收藏的四爱图梅瓶（图60）高37.6厘米，整个画面分为三层，上层为凤穿花卉纹，中间为画面的主体，有四个开光图案，

图60 元代青花四爱图梅瓶

每个开光内绘画一幅完整的历史故事，分别为周敦颐爱莲图、王羲之爱鹅图、林和靖爱鹤图、陶渊明爱菊图。周敦颐爱莲花之"出淤泥而不染，濯清涟而不妖"的高贵品质，为大家所熟知；王羲之号称书圣，但是除了书法之外，独爱白鹅，因而有道士以白鹅换其书法字迹的故事流传；林和靖喜好幽居，与仙鹤独好；陶渊明"采菊东篱下，悠然见南山"的诗句道出了他看破世俗，寻求高洁人格的精神境界，下层的纹饰基本一致，为莲瓣纹内填绘有春草纹。

元青花使用的钴料主要有两种，一种为进口的低锰高铁型的叫做"苏麻离青"的青料，一种为中国本土所产高锰低铁的青料。前者烧成后的发色浓艳、华丽，表面有黑褐色斑块，一般施加在大型的器物之上，且绘制精巧工整，这类大型的青花瓷器主要发现于埃及、土耳其、伊朗等伊斯兰国家，这与伊斯兰教的习俗有关，此外东非、东南亚、东北亚也有少量出土，反映出这类青花主要为出口而造；而国产料烧成的青花发色淡雅，器物的形体较小，绘画的水准不高，国内发

图61　元代青花八方镂孔小瓶

现的较多，这类器物主要是民间使用的。菲律宾出土的青花八方镂孔小瓶（图61）高9厘米，小直口，整个器物分为内外两层。外层有长方形镂孔四个，周围有连珠纹，其他四面绘制朵花纹，花朵绘制粗糙，上下有镂孔；内部为一小花瓶。

　　元代统治者的势力横跨亚欧大陆，且开通了海上和陆上的贸易通道。海上航线可以到达今天的东南亚、波斯湾、阿拉伯半岛，甚至非洲海岸。这些沿海地区都发现了大量的元代青花瓷器，特别是土耳其伊斯坦布尔博物馆、伊朗阿尔德比尔神庙中收藏的青花瓷器更是以数量众多、品种齐全、保存完好、传承有序而享誉世界。

青花瓷

三、明代青花瓷器

明代青花瓷器的生产成为主流，景德镇也成为全国瓷业的中心。景德镇不仅烧制供老百姓使用的民窑瓷器，还烧制专供皇家及贵族使用的官窑瓷器。官窑瓷器采用最为优质的原料，工艺先进，精益求精，烧制出许多绝世精品。官窑瓷器上的纹饰及造型也逐渐出现在民窑瓷器之上，民窑的一些技术革新也为官窑所采用，官、民窑在几百年的发展中一直处于互动模式之中。

(一) 洪武青花

明太祖朱元璋建立明朝，定都南京，国号洪武（1368年—1398年）。明朝建国不久，就开始在景德镇珠山设立御窑厂烧制宫廷日常生活及祭祀用的瓷器。1964年，南京博物院在明南京故宫遗址内的玉带河中发掘出土了一批明初瓷器，其中一些器物在器形及纹饰上不同于元代及后世的永乐、宣德器，因而人们认为这就是洪武瓷器。出土的一件青花云龙纹盘残器，内壁模印，盘心上有三朵如意云头纹，外壁画云龙纹，这件器物为最早发现的洪武青花瓷。上世纪八十年代以来，景德镇陶瓷考古研究所在原景德镇珠山御窑厂发掘出土了数以万计的瓷片，其中就包括洪武青花瓷器。由于材料的逐渐积累，洪武青花瓷器的特征及艺术价值才为大家所逐渐认识。

洪武青花瓷是在延续元代青花瓷的技术传统而发展起来的。有些方面还可以看见元青花的影子，但更多的是作为一种新王朝出现的革新一面。洪武青花瓷器的胎质细腻，这与淘洗的次数有着密切的关系；胎体依然较厚实，与元代青花瓷是一致的；大型器物基本上都采用了分段制作，再手工接胎的技法，因而内部可见粘接时的涂抹痕；民窑青花的胎料含杂质较多，有的器底粘有窑渣等物；釉色滋润肥厚，白中略微闪青，光亮洁净。执壶、玉壶春瓶的底部往往刷有白色的釉料，釉薄处显出淡淡的黄色。碗、盘等器物底部基本上不上釉，烧制后，由于铁元素的作用，显出浅红色，俗称"火石红"。

洪武青花瓷的发色较为暗淡，没有元代大型器物上的青花颜色艳丽，可能与国外青料缺乏、使用的是本土所产的高锰低铁的青料有关。整体色调为青灰色，色泽稳定，无晕散现象。器形多样，盖罐、玉壶春瓶、执壶、高足杯、菱花式盘等延续了元代瓷器的风格。青花瓷器中的纹饰也以植物纹为主，主要有牡丹纹、梅花纹、松树纹、岁寒三友纹、芭蕉纹、缠枝莲纹、菊瓣纹等，还有一些如忍冬纹、回纹、宝相花纹是作为辅助纹饰以衬托主纹。故宫博物院收藏的明洪武扁菊纹执壶（图62）高37.8、口径7.7、底径11.7厘米，器形秀美匀称，细长颈，垂圆腹，底部外撇，左右有圆长流和弯曲的扁圆柄。通体绘制纹饰，以洪武时最为流行的扁菊纹为主，腹部上下分别为蕉叶纹和莲瓣纹。青花发色淡雅、灰朦，独具风格。

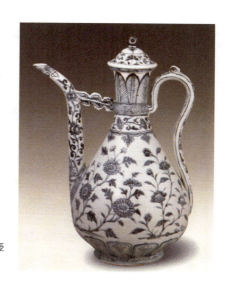

图62　明洪武青花扁菊纹执壶

（二）永乐、宣德青花

　　永乐和宣德时期是青花瓷器发展史上最为兴盛的时候，尤以宣德青花最为著名。永宣时期青花瓷器的繁荣与郑和下西洋，带回了外国青料有关。明成祖永乐三年（1405年），郑和首次下西洋，一直到明宣德八年（1433年），一共远程航行了七次。郑和七下西洋的初衷可能与宣扬明朝国威有关，但是事实上却使得明王朝与周边国家发生了密切的贸易往来，沟通了东西方的经济、文化交流。期间，郑和的船队从海外带来了烧制青花瓷的钴料，即所谓的"苏麻离青"。苏麻离青的使用使得明朝青花瓷器的风格为之一变，烧出的青花瓷器具有极高的审美价值。

永乐、宣德青花瓷器不管是在造型、纹样，还是青料上都具有相当大的一致性。明代青花瓷器至此开始完全摆脱了元代青花瓷器的影响，形成了自己的个性特征，由元代粗犷宏大的风格向精致、秀丽的方向转变。

永乐时期首创鸡心碗、卧足碗、多系罐、天球瓶、压手杯（图63）等器形。压手杯是永乐朝烧制的青花名品。宣德时期青花的造型更加丰富，瓶、壶、罐、盘、碗、盆、洗等无不具备。瓶中的梅瓶、扁腹绶带葫芦瓶、

图63　明永乐青花缠枝莲纹压手杯

图64　明永乐青花阿拉伯文无挡尊

贯耳瓶、四方倭角瓶、宝月瓶都是令人心旷神怡的绝世佳作。由于国门开放，这一时期器物的造型很多与西亚地区流行的金银器相似。天津艺术博物馆收藏的永乐年制的无挡尊（图64）就是模仿西亚伊斯兰教国家的同类金、银器而制作的。尊高16.5、外径17.5、内径9.6厘米，中空，上下口沿外撇，其上绘制花瓣纹，中间腹部上下以花瓣纹分为两块，纹饰相同，为缠枝花卉纹，并书写阿拉伯文字。

永乐时期所用的青料基本上都是进口料，因而烧成的青花中间都有铁锈斑，深入胎骨；宣德朝一部分采用进口料，还有少量青花发色较淡，可能采用了国产料。纹饰中以植物纹最为常见，包括牡丹纹、缠枝莲纹、山茶花纹、月季纹、菊花纹、葡萄纹、折枝枇杷纹、石榴纹等等；动物纹饰有海马纹、龙凤纹、狮子纹、海兽纹、麒麟纹；此外庭院侍女纹、栏杆山石纹、八宝纹、梵文、阿拉伯文等也有使用。

永乐官窑青花瓷很少有款识，压手杯中有"永乐年制"四字篆书款，白釉等其他单色釉中发现的款识较多，但一般都为刻划款。宣德青花的款识与永乐绝不类同，款识往往遍布器身，主要为"大明宣德年制"双圈六字楷书款或"宣德年制"四字楷书款。

（三）成化青花

成化朝青花瓷器扭转时风，以清新淡雅的色调、玲珑工巧的造型博得芸芸众生的青睐。宪宗皇帝自己本人爱好书法、绘画艺术，艺术鉴赏水准很高，对景德镇官窑瓷器的生产也极为重视。《明史·食货志》记载道："成化年，遣中官之浮梁景德镇，烧造御用瓷器，最多且久，费不赀。"

成化朝虽然早期也烧制了一些采用进口

料的青花瓷器，但是真正代表其艺术水准和美学造诣的是中后期采用国产平等料烧制的青花瓷。烧出的青花瓷器没有晕散和铁锈斑块，色泽淡雅、清丽明亮。成化青花瓷器胎料淘洗得极为精细，胎体洁白细腻，如"糯米白"色，薄胎，修胎规整，胎体较轻。透过灯光，可以感觉到胎色白中带着温润的肉红色，多数釉色较白，也有白中稍微泛青者。

成化青花瓷以小型器物为主，基本上不见大器。器物品种主要为一些罐类、瓶类、炉类、壶类及文房用具。纹样纤细灵动、幽静雅致，采用中国传统的绘画技法，先用浓色青花双线勾勒出纹饰轮廓，然后用淡淡的青色敷填在轮廓内，笔触细腻柔和，细滑温润。纹样题材广泛，包括龙纹、凤纹、海水纹、鸳鸯卧莲纹、宝相花纹、牵牛花纹、婴戏纹、高士纹、折枝瓜果纹等，有的还采用梵文、藏文等文字作为装饰题材。成化麒麟纹盘（图65）胎质细腻洁白，如糯米色，釉层通澈灵透，青花发色淡雅，盘内青花双圈内绘画两只麒麟在团云中作奔跑状，麒麟刻画细腻，纹样清晰，盘底无釉，有黑黄色斑

图 65　明成化青花麒麟纹盘

点。此盘器形较大，口径长达34.2、高6.5厘米，在成化年间的器物中较为少见。

　　成化青花瓷器的款识比较规范，主要为"大明成化年制"双圈六字双行楷书款。著名古陶瓷鉴定专家孙瀛洲先生曾将成化六字款概括成六句歌诀："大"字尖圆头非高，"成"字撇硬直倒腰，"化"字人匕平微头，"製"字衣横少越刀，"明"日窄平年应悟，"成"字三点头肩腰。

(四）嘉靖、万历青花

　　嘉靖至万历早期，由于都使用回青料，因而青花瓷器的风格类似。万历中晚期，回青料枯竭，开始使用浙江所产的浙料，风格发生了变化。

　　嘉靖、万历年间，国势衰弱，整个社会开始走下坡路，景德镇的官窑瓷器开始采取"官搭民烧"的做法。由于宫廷需要瓷器的数量极大，官窑瓷器难以按时烧制，于是就将一些烧制任务摊派给民窑窑主，让他们为宫廷烧制御用瓷器。官搭民烧其实是官窑和民窑的又一次融合和互动，双方在技术、工艺上不断地取长补短。

　　嘉靖至万历前期青花瓷器使用的釉料主要为国产的"陂塘青"、"石子青"以及西域所产的"回青"。由于御窑厂实力雄厚，掌握更多、更好的资源，因而可以较多地使用回青料。用国产青料配合回青料烧制的青花瓷器，发色浓艳滴翠，蓝中往往泛紫红色，这是嘉靖青花瓷最具典型性的青色。嘉靖、万历时期青花瓷的造型多样，品种远远超过了以往，瓶、罐、盒、杯、炉、盘、碗，不一

青花瓷

而足。罐类盛行方形器，分为四方、六方、
八方、扁方形等。长方形盒、银锭形盒也是
具有鲜明的时代特征。南京博物院收藏的一
些嘉靖朝的大盘直径长达八十多厘米，由于
器物造型过于硕大，成型的时候难免有歪曲
的现象。

　　嘉靖皇帝崇奉道教，全国各地兴修道观、
坛庙，并召集一批民间来的方士、道人在宫
廷之中整日设斋打醮，诵经之声不绝于耳。
由于帝王的推崇，全国上下崇道之风盛行，
这一风气也深入到瓷器装饰造型之中，嘉靖
朝出现了很多供祭祀道教神灵的器具。这些
祭祀之器大多形体高大，有的高达六七十厘
米。如青花寿字纹大盖罐（图66），此罐造型
粗犷豪放，器形硕大，胎质较为粗糙厚实，
釉色发青。直口，圆肩，腹下内收，圈足，罐
身和罐盖通体绘制统一的纹饰，以缠枝花卉
纹为主，中间均匀地穿插团寿纹。此外，还
有相当一部分器物为仿商周青铜器造型，如
爵、豆、鼎、斝（jiǎ）、簋（guǐ）、炉等。八
仙、八卦、云鹤、符箓、寿字纹都是极为盛
行的纹饰。嘉靖皇帝希望通过虚无缥缈的道

图66　明嘉靖青花寿字纹盖罐

教来达到长生不老的愿望，但是最终在嘉靖四十五年（1566年）的时候因重病而驾崩。

（五）天启、崇祯青花

　　明末天启、崇祯时期由于社会政治的变动，景德镇的瓷业生产也受到影响。烧制宫廷皇家瓷器的御窑厂处于停废的状态。而民窑继续发展，烧制精细一路的青花瓷器，胎质细腻莹润，釉色纯正，特别是青花的发色青翠鲜艳，改变了嘉靖、万历时期青花瓷器的风格。

除了继续烧制常见的生活日用器外，还创新出象腿瓶、花觚、筒瓶、莲子盖罐等品种，风格由粗犷豪放向秀丽纤巧的方向发展。青花纹饰中以山水、人物故事等题材为主，多描绘出山石、舟桥、野渡、文人雅士、渔翁、樵者、茅屋等文人墨画中常见的意象。程式化的几何纹、龙凤纹、花卉纹少见。首都博物馆收藏的人物郊游纹筒瓶（图67）器形秀美雅致，最上部为酱口，口沿外撇，绘制蕉叶纹，长筒形腹部描绘的是一幅完整的人物出行郊游的画面，构图巧妙，远处为山峦水波，中间一士大夫骑于马上，马前一老者作拱手状，将人物的形态和神情刻画得栩栩如生，艺术水准颇高。大型器物的上下空白处还常常装饰有暗刻卷草花卉纹。天启、崇祯时期青花瓷器的风格为清代顺治和康熙初年所继承，影响了有清一代青花瓷器的风格和意蕴。

图 67　明末青花郊游纹筒瓶

四、清代青花瓷器

（一）康熙青花

　　康熙朝青花瓷器继承以往传统，并继续往前发展，在中国陶瓷史上占有重要的地位。清人所著《匋雅》一书中对康熙朝青花瓷器有如下评价："然则青花一类，康青虽不及明青之秾美者，亦可以独步本朝矣。"由于清代距离今日时日未远，流传于世的青花瓷器还有很多，故宫博物院、南京博物院则收藏有大量的清代官窑青花瓷器。

　　康熙皇帝文治武功，平定三藩，崇尚儒学，继续前代轻徭薄赋的政策，与民休息，农业、商业逐渐恢复，开放海禁，海外贸易日益繁荣，康熙中后期整个国家的国力渐变强盛。康熙十九年（1680年），正式下令恢复景德镇御窑厂的烧制。由于恢复伊始，各项制度还不完善，御窑厂的规模和烧制质量均没有达到要求，因而，依旧延续了明代"官搭民烧"的制度。民窑瓷器由于没有制度的限制，因而纹样活泼生动，具有浓郁的生活气息，艺术上取得了很高的成就，但是质量上较官窑瓷器逊色。

康熙青花瓷器的胎体细腻厚重，洁白莹润，呈现"糯米白"，修胎精细、光滑，呈泥鳅背状，基本上不见跳刀痕，大型的盘、碗等流行双圈足和二层台，釉色青白，光泽度好。由于康熙朝延续的时间长达六十年之久，因而前后时期青花瓷的风格也存在着较大的变化，一般分为早、中、晚三个时期。早期使用的多是国产的浙料，烧成的青色有种朦胧的感觉，与前朝的发色类似。中期开始采用云南等地所产的珠明料，发色极为艳丽，呈现出宝石蓝的光泽，但是与嘉靖朝常见的青中泛紫的色调还是有很大的差别。由于绘画时采用了分层作画的技法，因而青花呈现出多个层次的效果，立体感强，有"头浓、正浓、二浓、正淡、影淡"之分。这种分层的效果与中国传统的水墨画所具有的漂泊、朦胧的感觉有着异曲同工之妙，一经出世，便受到文人雅士的青睐，大行其道。晚期青花多呈现淡青色。

康熙青花瓷的造型千姿百态，时有创新。官窑器造型典雅、精致，尽显皇家风范；民窑器造型规范，笔触活泼生动，突破传统的束缚，将文人所崇尚的人物、山水融入纹饰之中。人物、亭台信笔而来，如一幅山居访友图；山水、波澜随手而就，造一处人间圣境。

器形中除了常见的盘、碗、杯、盒、尊、壶、炉外，尊类中新创的还有摇铃尊、凤尾尊、琵琶尊、观音尊、马蹄尊、石榴尊等。盖罐（图68）虽自明代晚期就已经出现，但是以康熙时所制的式样最为匀称精妙，青花纹饰工整精细，发色典雅。青花花觚在康熙时极为流行，官窑器少见，主要为民窑烧制的精品。器形高大，有的高达五六十厘米，撇口，颈部内收，鼓腹，下部外撇，呈喇叭形，器足往往为二层台式。花盆既可以用来栽培花卉，也可作为博古架上的陈设品。康熙青

图68 清代康熙
青花花卉纹盖罐

图69　清代康熙青花
山水人物纹四方花盆

花花盆（图69）的种类繁多，方、圆各式具备，可细分为圆形、椭圆形、海棠形、葵口形、四方形、六方形、八方形等等。康熙青花"鱼化龙"纹洗，敞口，宽口沿，浅腹稍鼓，矮圈足。洗内壁绘制"鱼化龙"纹，左侧一条鲤鱼鳞、鳍分明，翘尾而上，下面一条鲤鱼迎头直上；右侧龙身虬曲盘旋，前、后肢分别伸出，龙身上有火焰纹；周围波涛汹涌，跌宕起伏。"鱼化龙"是中国古代流行的一种寓意图案，寓意着士子一举高中，喜登龙门。

康熙青花瓷器纹饰的绘画技法发生了变

化，开始采用山水画中常用的渲染手法绘制图案，所绘人物衣褶分明、山水浓淡不一，再现了传统的纸、绢画的特色。画面中的人物造型、样式与清初纸、绢画的风格一致，带有陈老莲之风，笔触老辣、线条流畅。纹饰题材有山水纹、动物纹、植物纹、人物故事纹等。此外，使用长篇的诗文作为装饰题材也是康熙朝的创举，包括著名的前、后《赤壁赋》《滕王阁序》《出师表》《圣主得贤臣颂》（图70）《兰亭序》《四景读书乐》等。采用工整的小楷书就，整齐划一，气势恢宏，体现出了康熙朝右文倡儒的风气。

青花瓷

图70　清代康熙青花
《圣主得贤臣颂》笔筒

　　康熙官窑青花瓷款识多为"大清康熙年制"六字双行楷书款。民窑青花，特别是其中的精品款识多样，有堂名款、斋号款、吉语款等，堂名款中多见"奇石宝鼎之珍""雅石居""有美于斯""益友鼎玉雅制""世锦堂制""芝兰室制""博古斋"等等。

　　康熙青花乃至整个官窑业能够取得如此大的成就与督陶官有着密切的联系。康熙时期成就最大的督陶官当属臧应选和郎廷极。工部虞衡司郎中臧应选于康熙二十年（1681年）二月至康熙二十七年（1688年）督官御窑厂，其在任时烧制的瓷器称为"臧窑"。《景德镇陶录》记载："康熙年臧窑，厂器也。为督理官臧应选所造。土坯腻，质莹薄。诸色兼备，有蛇皮绿、鳝鱼黄、吉翠、黄斑点四种尤佳。其浇黄、浇紫、浇绿、吹红、吹青者亦美，迨后之唐窑犹仿其釉色。"臧应选不仅仿制宣德青花五彩，还创烧出一批单色釉瓷器新品种，丰富了康熙时期的瓷器品种。郎廷极于康熙四十四年（1705年）至五十一年（1712年）主持御窑厂的窑务。他仿制的宣德青花、豇豆红、成化斗彩都是极为成功的佳作。时人评价他所烧制的瓷器"仿古暗合，与真无二。其摹成、宣，釉水颜色、橘皮棕眼，款字酷肖，极难辨别"。

（二）雍正青花瓷器

雍正官窑瓷中青花瓷器的生产不是主流，但是造型式样之奇巧、纹样图案之精工、艺术水准之高，都达到了一个新的境界。雍正青花瓷与成化青花具有某些内在的相似性，都以清新俊秀见长，较之康熙瓷则俊美过之，比之乾隆瓷则淡雅胜之。雍正中年登基，在位仅十三年，但是他对艺术有着独特的鉴赏力，喜好淡雅之风。康熙朝积累的制瓷经验和技术与雍正独特的艺术品位相结合，创造出了辉煌的雍正朝瓷器。

雍正曾多次与督陶官交流，希望御窑厂烧制出符合自己艺术审美趣味的瓷器，小到瓷器图案的构思、器物尺寸的把握、款识书写的式样，无不精益求精，事必躬亲。

雍正热衷于仿古，特别是仿制永乐、宣德、成化三朝的青花瓷器，如压手杯、洗、瓶、双耳扁壶等，几乎达到了神形俱似的程

图 71　清雍正仿明宣德缠枝花卉纹洗

度，可以想见当时的技术之高超。上海博物馆收藏的清雍正仿明宣德缠枝花卉纹洗（图71），仿制水准颇高，不管是器形还是纹饰都与宣德时期的器物吻合，就连青花发色中的铁锈斑也竭力模仿。口沿外撇，直身稍微外撇，大平底，口沿为翻滚的海水波涛纹，内部为缠枝牡丹纹，外部为缠枝莲花纹，只是底部用青花书写"大清雍正年制"六字楷书款。永乐、宣德时期青花瓷主要采用的是国外进口的"苏麻离青"料，烧出的青花表面有铁锈斑状，雍正时由于没有进口青料，但为了力求仿古逼真，因而采用独特的绘画技法加以刻意模仿，用重笔以达到深浅不一的青色。使用这种技法绘制的青花瓷器与永乐、宣德时期的青花极为相似，但表面略有晕散现象，但也具有独特的艺术魅力。

雍正仿成化青花器，较之原器，柔美之态有过之而无不及。器形的总体特征给人一种如亭亭玉立的女子一般的感觉，修长高挑，融合实用性与观赏性于一体，还往往喜好将一些自然界的花卉、瓜果等植物造型入化其中。康熙时十分流行的马蹄尊、凤尾尊、观音尊开始消失，灯笼尊、贯耳瓶、如意耳瓶等创新器形开始出现。梅瓶式样丰富，丰肩式、溜肩式、撇口式，不一而足。雍正小件青花瓷器线条流畅，注重流线的把握，古朴雅致；大件器物注重各部分之间的比例协调，稳重中不失轻盈，柔美中兼具工整。

纹样中的人物故事纹逐渐减少，竹子、石榴、牡丹、梅花等植物纹依旧盛行。只是花纹的风格与胎质、器形一样都给人以柔美细腻之感。清雍正青花缠枝莲花纹赏瓶（图72）高37、足径12.3厘米，口沿绘海水波涛纹、如意云头纹，颈部有回纹和蕉叶纹，然后依次为缠枝花卉纹、如意云头纹、莲瓣

图72　清雍正青花缠枝莲花纹赏瓶

纹、卷草纹，层次感强烈，纹样规整，为不可多得的青花珍品。

（三）乾隆青花瓷器

乾隆在位六十年，政治强盛，国力达到了清代最为鼎盛的时期。由于受其父亲、祖父的影响，乾隆对汉文化极为欣赏，自己的书法、绘画造诣颇高，与此同时，对瓷器的烧制也极为重视，御窑厂瓷器生产达到了历史的最高峰。乾隆朝青花瓷器的风格与雍正朝迥异，其以奇特的造型、绚丽繁复的纹饰而闻名。清人许之衡在《饮流斋说瓷》中高度评价乾隆朝瓷器"至乾隆，精巧之至，几于鬼斧神工"。乾隆初年派遣唐英主持御窑厂的窑务，唐英在其任上，尽心竭力，还亲自烧制瓷器，以求达到完美。

乾隆青花瓷器使用国产青料，青花发色稳定，新亮明快。乾隆朝与雍正朝均非常热衷于烧制青花仿古器。乾隆朝主要仿制宣德青花，采用的技法与雍正朝相似，采用小笔触的手法将宣德青花的铁锈斑模仿出来。青花缠枝花卉纹双耳扁壶（图73）、青花人物盘等都是仿古青花精品。乾隆时期仿明初青花瓷器，不管是在胎质、釉色、造型还是纹饰方面都具有本朝的特点，这与雍正时期的仿古有着明显的不同。这件双耳扁壶模仿明代宣德青花器，口部为蒜头形，装饰纹饰的图案采用乾隆时期常用的样式而不是刻意模仿。

图 73　清乾隆青花缠枝花卉纹双耳扁壶

乾隆青花的造型式样远胜过前代的康熙、雍正朝，式样繁多、异彩纷呈。瓶类就可以分为二三十种样式，既有延续传统的赏瓶、玉壶春瓶、蒜头瓶、盘口瓶、琮式瓶、灯笼瓶、棒槌瓶、天球瓶等，也有新近流行的活环葫芦瓶、绶带耳葫芦扁瓶、出戟瓶、挂瓶等。基本上囊括了瓶类器物的所有式样，随着清代国势的日渐衰微，有些式样至清代中后期就慢慢消失了。

乾隆青花瓷器的纹样繁复，花卉纹饰往往对称分布，描绘工整细腻，极具装饰性。乾隆时期富有吉祥寓意的纹饰极为盛行。"白头偕老"纹，主要描绘的是茂密的树枝上，站立着一对白头翁，一前一后，左右顾盼生情；"三羊开泰"纹，由于"羊"与"阳"同音，蕴含着生机勃勃之意。此外，四爱纹、缠枝花卉纹、喜上眉梢纹、金玉满堂纹、一鹭连科纹、八仙祝寿纹、麻姑献寿纹、八吉祥纹、松梅竹纹（图74）等等，比比皆是。绘制有吉祥图案的瓷器深受人们的喜爱，也反映出古人祈求幸福安康、国家太平的愿望。

图 74　清乾隆青花松梅竹纹赏瓶

清代乾隆时期官窑青花瓷器的款识书写发生了变化，主要是变楷书款为篆书款，多为"大清乾隆年制"六字双行款，有的省略"大清"二字。仿制的明代青花瓷器书寄托款，有"大明宣德年制""大明成化年制"六字双行楷书款。

青花瓷器，白底蓝花，色调明快，赏心悦目，是最具民族特色的瓷器品种。青花或艳丽矫情、或淡雅柔和，无不透人心脾，雅俗可观。

单色釉瓷

一、黑　釉

　　黑釉瓷器与青瓷几乎同时出现，东汉末期浙江地区烧制青瓷的窑址中已经发现一些黑釉瓷器。黑釉瓷器是以氧化铁作为着色剂，在还原焰下烧制而成，随着着色剂量的增减，呈现出的黑色有深、淡之分。

　　东晋时期德清窑烧制的黑釉瓷器，乌黑光亮，黑釉瓷器开始与青瓷分道扬镳，作为一种独立的瓷器品种而存在。德清窑始烧于东晋，延续到南朝。烧制的黑釉瓷色黑如漆，表面光亮，有的有牛毛纹，并伴随着垂釉现象。流行的器形有罐、鸡首壶、盘口壶等。上海博物馆收藏的德清窑黑釉盘口壶（图75）高24.9、口径11.4、底径11.4厘米，盘口，束颈，圆腹，平底，颈部装饰有凸起的弦纹，肩部有四个桥形钮。由于含铁量较高，胎质呈现出黄褐色，釉色黝黑光亮，凸起的部位由于流釉而使得釉

图75　东晋德清窑
黑釉四系盘口壶

层较薄，胎骨的黄褐色显现出来，釉中有一
丝丝的黄褐色冰裂纹，黄黑相间，互相映衬，
煞是好看。德清窑是以烧制黑釉瓷器而闻名
于世，但是青瓷的产量却大于黑釉。

　　唐代北方地区的耀州窑、寿州窑等诸多
瓷窑都烧制黑釉瓷器，有的黑釉瓷器表面还
装饰有花斑。故宫博物院收藏的唐代鲁山窑
黑釉花斑腰鼓（图76）器形硕大，造型别致，
是黑釉瓷器中的佼佼者。腰鼓中间束腰，两
端粗圆。器身有七道凸起的弦纹，黑釉表面
分布有几十块大小不一、形状各异的花斑，
由于窑变的作用，使得花斑中呈现出不同的
色调，有天蓝、月白、灰褐、乳白等色。耀
州窑也烧制黑釉花斑腰鼓。

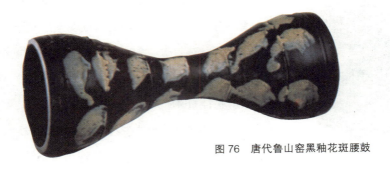

图 76　唐代鲁山窑黑釉花斑腰鼓

宋代烧制黑釉产品的瓷窑遍布南北。福建的建窑、江西的吉州窑烧制的黑釉瓷器在当时社会上广为流传，精品迭出。吉州窑是宋代南方地区具有广泛影响的民间瓷窑，创烧于唐代，成熟于宋代，瓷器的品种及装饰均达到了新的境界，元明时期走向衰落。吉州窑周边瓷窑众多，因而烧制的黑釉瓷得以广泛吸收各地名窑的先进技术和装饰工艺，创造出丰富多彩的瓷器品种。黑釉瓷中采用剪纸贴花的装饰手法，风格新颖，独树一帜。剪纸贴花技法就是将剪纸纹样贴在施过釉料的瓷胎之上，然后揭开剪纸，再罩上一层透明釉，入窑烧制。剪纸作为民间一种喜闻乐见的艺术门类，一直受到人们的欢迎，逢年过节，都会在窗户、墙壁上粘贴剪纸，以增添节日的喜庆气氛。吉州窑剪纸贴花纹、木叶纹（图77）也具有民间色彩，除了龙凤等吉祥图案外，梅花纹饰也是常见的题材之一。剪纸贴花工艺一般在碗、盘、瓶、茶盏等器物上使用。吉州窑作为民间瓷窑，很自然地将民间的生活元素加入到瓷器的制作之中，民间艺人对自己周边的种种感官事物进行分

图 77　宋代吉州窑木叶纹黑釉碗

析、加工，提炼出精华。因为扎根于民间艺术之上，因而吉州窑直接反映出劳动人民的艺术造诣和审美趣味，具有浓厚的生活气息。

　　宋代与吉州窑烧制的剪纸贴花瓷交相辉映的当属建窑黑瓷。北宋中期至南宋早期是建窑最为兴盛的时期。其为人们称道的是变幻莫测、釉色绚丽的窑变兔毫釉、油滴釉、鹧鸪斑釉，美轮美奂的釉色流淌在铁褐色的胎骨上，使得人们浮想联翩，将黑瓷之美发挥到了极致。建窑烧制的兔毫盏（图78）一般胎骨较厚，口沿薄，深斜壁，小圈足。内外均施釉，外部施釉不到底，一般位于腹部中下部，有流釉。黑釉的表面有黄棕色或者铁锈色的流动丝纹，如兔毫，因而称之为"兔毫盏"。

图 78　宋代建窑黑釉兔毫盏

据研究，兔毫的形成可能是在烧制的过程中，釉层中产生的气泡将其中的铁质带到釉面，当烧到1300摄氏度以上，釉层流动时，富含铁质的部分就流出条纹，冷却时从中析出赤铁矿小晶体所致。

吉州窑、建窑烧制的黑瓷盏在当时流布广泛，主要与社会上的饮茶之风盛行有关。苏东坡《送南屏谦师》："道人晓出南屏山，来试点茶三昧手。忽惊午盏兔毛斑，打作春瓮鹅儿酒。"宋代理学兴盛，人们注重自己内心的修养，饮茶正好是这一理念的实践，上至帝王、下到百姓，无不热衷于此。宋徽宗赵佶《大观茶论》、黄儒《品茶要录》等都记录了当时社会斗茶的情况。宋代饮用的是碾茶，将茶饼碾

成细末，放入盏中，注入沸水，以茶色白者
为上，因而对器具的颜色有很高的要求，黑
釉瓷盏也就应运而生。

　　康熙年间景德镇生产的乌金釉是釉色最
为纯正的黑釉瓷器，景德镇御窑厂遗址中出
土有乌金釉香炉等器物。康熙年间烧制的乌
金釉瓷以质量较高的青料混合含有一定量铁、
锰等金属的五金土配制成釉料使用，制成的
乌金釉瓷表面乌黑如漆，光亮油润。有的还
在其表面用金水描绘山水、人物、花鸟、开
光、锦地等纹饰，显得格外高雅美观。康熙
乌金釉提梁壶（图79）就是其中的精品，高
12、口径5.6、底径5.7厘米，黑釉黝黑喜人，
表面还用金彩描绘兰花纹。

图 79　清代康熙乌金釉
描金兰花纹提梁壶

二、蓝 釉

　　蓝釉是以钴料为着色剂烧制的单色釉蓝釉是以钴料为着色剂烧制的单色釉瓷器。唐三彩中的蓝色就是用钴作为着色剂烧制的陶器。

　　元代景德镇窑烧制的蓝釉标志着成熟蓝釉瓷的出现，由低温蓝釉转变为高温蓝釉。由于技术娴熟，原料精细，烧制的蓝釉瓷釉表光滑、匀净，发色沉稳，蓝光内敛，恰如蓝宝石呈现出的光泽。元代高温蓝釉的成功烧制，为景德镇丰富多彩的颜色釉瓷又增添了新的珍贵品种。元代蓝釉瓷器存世量极少。考古发掘的有1964年河北保定元代窖藏瓷器坑中出土的三件釉色纯正的蓝釉瓷器，为盘、匜、碗等小型器物，器物表面都用金彩描绘纹饰，蓝底金色，对比强烈，这三件器物填补了陶瓷史上的空白。而1981年扬州市文物商店征集到的一件元代霁蓝釉白龙纹梅瓶（图80）则为举世罕见的国宝级文物。梅瓶高43.5、口径5.4厘米，小口，方圆唇，肩部丰满，下部内收，小平底。整体秀美端庄，虽重心在上腹部，但是绝不会给人以头重脚轻的感觉，通体施加蓝釉，晶莹如蓝宝石一般，有玻璃光泽。蓝釉中间还有一白釉行龙纹，形体矫健，肢爪有力，蓝底白龙，一动一静，一明一暗，交相辉映，颇具艺术感染力。

图 80　元代霁蓝釉白龙纹梅瓶

图 81　明代宣德洒蓝釉钵

明宣德年间烧制的蓝釉瓷器色泽惊艳，可以媲美蓝宝石，称之为"宝石蓝釉"。有的宝石蓝釉中还使用留白的方式表现出折枝花卉纹。宣德年间，蓝釉瓷中有一种特殊的品种——洒蓝釉，洒蓝（图81）又叫"雪花蓝"，因其表面的蓝色不是连在一起的，而是呈斑点状分布，蓝白相间，如同冬日里的雪花洒在蓝宝石上。

三、红　釉

　　宋代钧窑烧制的瓷器中有的采用红色釉斑装饰，其红色中交织着紫色，为窑变作用产生，与真正意义上的红釉瓷器还存在差距。

　　元代景德镇窑不仅烧制出色如宝石的蓝釉，同时还创烧出了纯正的红如艳霞的铜红釉。铜红釉是用铜为着色剂，施加石灰碱釉，在高温焰下烧制出的颜色釉。由于着色剂使用量的差别以及窑炉温度的不同可以生产出多种色调的红釉瓷。铜在氧化焰中可以烧制出绿色，在还原焰中却是红色，因而很难把握，烧制的难度也大。1974年江西景德镇出土了两件元代红釉瓷俑，出土于至元四年（1338年）凌氏墓中。一为老年俑（图82），一为青年俑，均使用印模翻成，

图82　元代铜红釉人物俑

图 83　明代宣德红釉盘

老者头戴官帽，手执笏（hù）板，除脸部和手部为青白釉外，其余部位红釉鲜艳，较为深沉。现藏于江西省博物馆。

　　明永乐、宣德时期御窑厂已经熟练地掌握了烧制红釉的技术，红釉颜色艳丽，夺人眼球，称之为"宝石红釉"、"鲜红釉"。《景德镇陶录》中云："永乐鲜红最贵。"宣德红釉器的品种多样，包括洗、壶、盘（图83）、高足碗、僧帽壶等，有的器物上面还刻划有纹饰。红釉色泽凝重、雅静，颜色微深。红釉器物口沿部位往往由于高温釉料下流而

单色釉瓷

显示出胎体的本色，青中带白，称之为"灯草口"。

明宣德之后，景德镇御窑厂红釉的生产逐渐衰弱，传世的明代中后期的红釉器物极少，这可能与技术的失传有关。文献记载，嘉靖年间开始使用矾红来代替红釉作为祭祀的器具。矾红由于属于低温釉，烧出的颜色很容易在使用的过程中磨损，虽然颜色也较为青嫩鲜艳，但终不及高温红釉凝重实用。

清康熙年间，御窑厂大力恢复烧制传统名瓷，铜红釉也在其中，最终复烧成功，并创烧了郎窑红、豇豆红、祭红等红釉新品种。郎窑红是康熙年间红釉瓷的代表，是督陶官郎廷极创烧的。郎窑红釉表面极具玻璃光泽，且有大小开片，颜色凝重如牛血一般。由于高温烧制，釉的流动性较强，因而口沿也出现如宣德红釉一样的灯草边。郎窑红作为皇家特别烧制的瓷器品种，器形基本上都为陈设品，有观音瓶（图84）、胆式瓶、僧帽壶、高足杯、棒槌瓶等，器形秀美、雅观。

康熙晚期创烧的豇豆红瓷更是红釉瓷中的难得珍品。豇豆红瓷因为红釉表面有淡淡

图84　清代康熙郎窑红观音瓶

图 85　清代康熙豇豆红釉马蹄尊

的绿色，如同豇豆一般，因而得名。深浅不一的绿苔斑点与鲜艳娇滴的霞光红交相辉映、前后映衬，颜色浅者称为"桃花片"、"娃娃脸"，深者称为"美人醉"。与郎窑红不同的是，豇豆红瓷主要是文房类小巧器物，如柳叶瓶、石榴水丞、马蹄尊（图85）、笔洗、弦纹瓶、印泥盒等。底部一般用青花书写"大清康熙年制"六字三行楷书款。

单色釉瓷

四、黄　釉

　　黄釉瓷器是以铁为着色剂烧制的一种瓷器，根据工艺技术的不同可以分为高温和低温黄釉。成熟的高温黄釉瓷器出现在唐代，寿州窑、浑源窑、曲阳窑等均烧制，其中以寿州窑烧制的黄釉瓷器釉色最为纯正，工艺最为精到。

　　寿州窑位于今安徽省淮南市境内，唐代以烧制釉色独特的黄釉瓷器而闻名，跻身于名窑之列，位列第五。陆羽《茶经》中有云："寿州瓷黄，茶色紫。"寿州窑黄釉瓷器是在氧化焰的环境下烧成的，其胎体厚实，质地细腻精致，往往在胎体表面施加化妆土，烧成的黄釉透明光润，有细小的开片纹，微微呈现出淡淡的色调，明亮而不失雅静。由于窑炉气氛的不同，有的黄釉为鳝鱼黄、橘子黄等釉色。故宫博物院收藏的唐寿州窑黄釉

图 86　唐代寿州窑黄釉瓷枕

瓷枕（图86）就是其中的精品。寿州窑黄釉瓷器造型敦实庄重，制作工艺高超，釉色均匀沉稳，充分展现了大唐盛世的宏伟气象。

低温黄釉从汉代就已经出现，但都是在陶器的表面施加釉料，唐三彩、宋辽三彩是低温黄釉陶器的延续。直至明清时期，低温黄釉瓷器才发展起来，作为景德镇御窑厂常年烧制的瓷器品种之一。

明代洪武时期黄釉瓷器开始生产，宣德、成化年间技术精进，所烧黄釉瓷器釉面匀净，发色纯正，娇嫩欲滴。至弘治时，黄釉瓷器的烧制达到了历史的最高水准，近乎完美，此时不管在黄釉瓷器的烧制数量、还是器物造型的种类、抑或是黄釉的发色与纯度上都达到了后人难以企及的高度。明代黄釉采用浇釉的施釉方法，因而也获得"浇黄"这一雅称，因其釉色均匀淡雅、光泽细腻，犹如鸡油一般，故又被人形象地称之为"鸡油黄"。弘治黄釉的器形丰富，有碗、盘、绳耳罐等。其中弘治双耳描金双兽首尊（图87）为传世精品，高32、口径19、底径17.5厘米，直口，溜肩，腹下内收，平底，尊的肩部有两只塑

图 87　明代弘治黄釉
双耳描金双兽首尊

造的兽首，通体施加黄釉，通明透彻，黄色纯正，器身上下还有数道描金弦纹，显得更加富丽堂皇，光辉夺目。这类器物是祭祀时使用的，清代还继续烧制。

清代黄釉瓷器在继承明代的技术之上加以创新，除了烧制黄釉素面瓷外，还将刻、划、塑、彩绘等技法运用于黄釉瓷中，丰富了黄釉瓷的品种。清代黄釉瓷器的造型更加端庄、巧妙，釉色温润、细腻，给人以华丽之美感。

清康熙时期创烧出如鸡蛋色的"蛋黄釉"，釉层较厚，但透明感较强。雍正时期蛋黄釉的表面微微地呈现出粉质感，有一种朦胧之美。乾隆时期，加入了玻璃白，使得黄釉瓷器的质感更加娇嫩。同治、光绪时期，黄釉瓷器作为大婚用瓷继续烧制，但是黄釉的色泽暗淡，没有油脂光芒。

黄釉瓷器一般表面光素，清代康熙、雍正、乾隆时期往往在瓷胎的表面刻划出龙纹、凤纹、牡丹纹、缠枝莲纹等图案，然后施加黄釉，入炉烤制。暗刻纹饰之中积聚的黄釉颜色变深。

御窑厂不仅烧制纯黄釉瓷器，还将其他瓷

器品种的技法移植过来，在黄釉瓷器表面施加彩绘，烧制黄釉地五彩、黄釉地粉彩、黄釉地绿彩、黄釉地珐琅彩瓷器，品种多样，异彩纷呈，体现了御窑厂高度发达的制瓷工艺。康熙时期开始烧制的黄釉地绿彩龙纹盘（图88）、碗一直沿用到清末，是在素胎上刻划出龙纹，然后于其上施加绿彩，其余部位为黄彩，最后入窑烧制而成。

图 88　清代康熙黄釉地绿彩龙纹盘

彩绘瓷又简称彩瓷，顾名思义，就是在瓷器的表面加绘彩色纹饰。最早的彩瓷可以追溯到1983年南京东吴时期的墓葬中出土的青瓷釉下褐彩壶，其表面绘有羽人纹饰，开启了中国烧制彩瓷的序幕。唐代中晚期长沙地区兴起的长沙窑专门烧制釉下褐、绿彩瓷器，器形以执壶为主，纹样题材多样，技法熟练，推动了彩绘瓷的继续发展。周边地区的湘阴窑、邛崃窑都对长沙窑的兴起起到了不可磨灭的作用。晚唐五代时期，越窑烧制的青釉釉下褐彩同样具有地域特色。宋代，北方地区的窑址兴盛起来，代表着北方民间瓷器烧制水平的磁州窑，以烧制白地黑彩瓷和白地褐彩瓷为主，磁州窑生产的彩绘器畅销南北，很多遗址中都有大量的出土。

元、明、清三朝接其余续，继续烧制釉下彩瓷，由于胎料更加精细、制作的工艺更加巧妙，釉下彩瓷的生产也达到了历史的高峰。明代成化朝烧制的斗彩瓷，万历朝的五彩瓷，清代粉彩、珐琅彩瓷等，新品迭出，高潮续起，一次次地开启着华丽的篇章。

彩绘瓷

一、长沙窑

　　长沙窑位于湖南省望城县铜官镇石渚湖一带。1956年，湖南省文物管理委员会在瓦渣坪发现了一些釉下彩瓷，二十世纪七八十年代对那里持续进行了发掘，大家对长沙窑的认识也逐步加深。至今，现场的考古发掘还在继续，应该会给我们带来更多的惊喜。窑址所在的区域丘陵连绵，面临湘江，地理位置便利，便于产品的外运。长沙窑现存的遗址面积广阔，现在许多山丘就是当年烧窑时废弃的匣钵及瓷器堆砌而成。长沙窑兴起于唐代中晚期，尤其以晚唐时期最为兴盛，但是盛极而衰，宋代时长沙窑突然衰弱，一蹶不振，从此消失在历史的舞台之中。长沙窑虽然转瞬即逝，但是其所创造的绚丽的釉下彩瓷犹如一道霞光永远闪耀在历史的长河之中。如今，当我们在博物馆中观看长沙窑烧制的瓷器时，依旧会被她灵动的造型、流转的线条所迷倒。

　　唐王朝是一个极度开放、融合的社会。政治、经济、文化、思想上都取得了举世瞩目的成就，自由、包容、人文的情怀荡漾在诗人的笔下，佛教、景教、伊斯兰教、道教、儒家等思想纷呈、百家争鸣。阿拉伯、波斯的商人跋山涉水步入大唐境内，中西文化在一次次地碰撞，撞出绚丽夺目的火花。异国情调处处出现在唐人的服饰、器具、歌舞、礼俗、宗教之中，长沙窑也不例外。作为那个时代的产物，长沙窑承载着太多的文化元素，有东方的，也有西方的，有高雅的，也有世俗的，这些元素无不彰显着大唐盛世的自信与从容。

　　长沙窑以执壶、双系罐最为常见，也包括烛台、水盂、器盖、三足熏炉、油盒、镇纸、枕头、碾轮等各式各样的日常生活用具。还有一些捏塑作品也都具有很高的艺术价值，如胡人像、鸟哨（图89）、乌龟镇纸、狮子形烛台，技法干净利落，灵活大胆，表现出了高超的技艺手法。

图89　唐代长沙窑青釉褐斑鸟哨

　　长沙窑采用彩料绘制纹饰开创了一个新的时代，具有高度的美感。彩绘的样式有点状线、斑块、线条、画面等。由于是民间的匠师所为，因而匠师们发挥出自己独特的艺术想象力，以瓷坯为纸绢，任意洒脱，不求章法，但注重韵律美。既有传统的展翅飞动的鸟纹、风姿灵动的花叶纹，也有具有异域风情的张口大啸的狮子纹、风中摇曳的椰树纹。中西文化的碰撞、跌宕，在这里得到了最好的印证。

　　长沙窑瓷器还采用大量的诗文作为装饰题材。诗歌作为大唐最为流行的文学载体，显示出人们无限的想象力和创造力。装饰有诗歌铭文的长沙窑瓷器主要为执壶、盘。目前发现的诗文已有一百多首，很多在《全唐诗》中都没有记载，这些诗歌较为通俗易懂，有些为文人所写的雅句妙语，其中还有很多是带有民间特色的民谣、警句，内容丰富多彩，雅俗共赏。"春水春池满，春时春草生。春人饮春酒，春鸟弄春声。"（图90）"夜夜挂长钩，朝朝望楚楼。可怜孤月夜，沧照客心愁。"诸如此类，意境横生。

模印贴花装饰也是长沙窑独具特色的艺术技法创造。模印就是将需要的纹饰刻成模子，再填入泥块，使得纹饰反印出来，再将

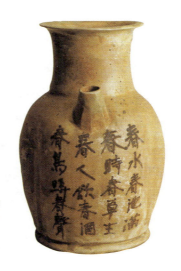

图90　唐代长沙窑
青釉褐彩诗文执壶

图91　唐代长沙窑青釉褐斑
模印贴塑胡人舞蹈纹执壶

其贴在壶、罐等器物之上，最后施加釉料，烧制而成。模印的纹饰多样，有胡人舞蹈纹（图91）、狮子纹、花朵纹等，有的在模印的纹饰上面施加褐斑，与青釉交相辉映。

长沙窑的销售市场不仅仅局限在国内，而且生产符合国外审美趣味的瓷器，以赢得国际市场。长沙窑由于靠近湘江，便利的水运航道是其生存发展的命脉。长沙窑烧制的瓷器通过湘江运往全国各地，今湖南、安徽、江苏、浙江、江西、广东、广西、山西、陕西等省区都发现了数以万计的长沙窑瓷器及碎片。江苏扬州、浙江明州（今宁波）等城市出土的长沙窑瓷器更是难以计数。唐代扬州和明州都是交通枢纽型的城市，大量的长沙窑及其他窑口的瓷器需要通过这些城市转运到国内外。其中河道港口中出土的成堆瓷器碎片当为搬运过程中损坏的产品。大量的瓷器则是将扬州、明州等港口作为中转站，然后通过海运输往世界各地。

扬州双博馆收藏的出土于唐代扬州衙署遗址的青釉褐绿彩莲花云纹双系大罐（图92）是长沙窑烧制的精品，代表了长沙窑烧制瓷

图92　唐代长沙窑青釉褐绿彩莲花云纹双耳罐

彩绘瓷

器的最高水准。罐高29.8厘米，口径长达16厘米，底径19.5厘米，胎质呈黄褐色，细腻致密。表面通体施黄釉，釉下用褐、绿彩点出纹饰，中间为对称的云朵纹，两边各有一朵荷花，云朵蜷曲、扭动，绚丽多姿。整体给人以稳重大气的感觉。

唐代造船业的兴盛和海路的开拓为瓷器的外销创造了条件。东亚、东南亚、南亚、阿拉伯半岛、非洲海岸都发现了唐代长沙窑瓷器碎片。长沙窑器物上绘制的胡人像、对鸟纹、狮子纹、椰树纹等都具有强烈的波斯、阿拉伯风格，这些都主要是为外销而生产的。长沙窑生产的模印贴花执壶、双耳罐在韩国、朝鲜、日本等国也有大量发现。

二、磁州窑

磁州窑是我国北方地区著名的瓷窑，始于北宋，辽金时期一直烧造，并延续到明清，只不过后期烧造的规模和艺术水准与前期不可同日而语。磁州窑位于河北邯郸市磁县观台镇和彭城镇一带，主要烧制彩瓷，以白地黑花瓷和白地褐花瓷最为著名。周边其他一些瓷窑也仿造其器形、纹样、装饰手法烧制白地黑花瓷器。

磁州窑白地黑花器的造型粗犷，黑白色调对比强烈，纹样极具生活气息，都是老百姓喜闻乐见的题材，巧妙地将民间的艺术构思和审美趣味运用到瓷器的装饰之中，宋金时期在民间流传广泛，影响深远。

由于磁州窑周边地下没有如景德镇等其他著名窑址拥有质地纯净的瓷土，因而使用的胎料粗糙，颗粒感强。胎土中的杂质含量较高，烧出的瓷胎疏松色深，呈现出灰白色、灰褐色。自然环境所造成的缺陷并没有使得磁州窑的制瓷匠人们放弃对美的探求，他们将瓷土和水混合，制成泥浆，俗称"化妆土"，坯胎制成后先蘸上一层化妆土，然后再在上面绘画纹饰。化妆土的使用使得磁州窑瓷器表面变得光滑、细腻，便于绘画，为磁州窑的继续发展创造了条件。

磁州窑作为民间窑址，烧制的器物产量巨大，不仅生产日常使用的碗、盘、碟等常

图93　宋代磁州窑白釉
黑彩花卉纹如意形枕

见器物，也仿照当时景德镇及其他著名瓷窑
的器物造型，烧制梅瓶、玉壶春瓶、香薰、
水盂、笔洗等陈设瓷和文房用品。

　　在磁州窑烧制的众多器物中，瓷枕不管
是从样式，还是装饰角度来看都达到了相当
的水准。磁州窑瓷枕的样式繁多，有长方形、
正方形、圆形、椭圆形、树叶形、银锭形、
如意形（图93）等，还有一些像生型瓷枕，如
猫形、虎形、婴儿形等。磁州窑瓷枕还有一
个特点就是瓷枕底部往往刻、印有制作瓷枕

的作坊牌记，如"张家造"、"李家造"、"张大家枕"等，与同时期的铜镜上出现的诸如"湖州镜"等铭文是一样的意义。

绘画、诗歌、书法三种艺术的巧妙结合构成了磁州窑装饰图案中的典型特征。

磁州窑主要流行植物纹、花鸟纹、人物纹、历史故事纹。早期磁州窑流行使用折枝牡丹纹（图94）、卷草纹等植物纹作为装饰图案。特别是其中的牡丹图案，丰富多样，枝条柔软，富有动感，在枕头、大盘中比比皆是。龙凤纹、虎纹、鱼纹采用得较多。所绘虎纹笔画简洁凝练，形态矫健强壮，虎虎生威。寥寥数笔，鱼纹就勾画出来，周边辅以水草，多了几分民间趣味。婴戏纹饰是宋代流行的纹样之一，匠师们常常以童子为画面的核心，布置出相应的游戏场面，有蹴鞠、钓鱼、骑马、打陀螺、赶鸭子等。河北省博物馆收藏的童子垂钓纹枕（图95）高11.8、长29、宽21.8厘米，胎体疏松，呈浅灰色，枕头呈椭圆形，腹部稍微内收，平底。枕面采用黑彩绘画出童子持竿作钓鱼状，寥寥几笔，将童子的外貌、神情描绘出来，童子集中精

图94　宋代磁州窑
白釉黑彩花卉纹瓶

图95　宋代磁州窑白釉
黑彩童子垂钓纹枕

力看着鱼钩，游鱼在钩边游弋，充满了浓厚
的生活情调，极富艺术感染力；腹部绘制花
叶纹，采用写意的手法，细枝长叶，活泼生
动。钓鱼、打陀螺自古以来就是孩童喜爱的
游戏，面对着这一幅幅构图简洁、富有童趣
的画面，仿佛我们又重新回到了孩提时代。
娴熟的绘画技艺、生动传神的人物场景、简
单巧妙的艺术构思构成了磁州窑绘画的全部
精神。

　　磁州窑的绘画周围往往辅助诗词歌赋，
真、行、草书，无不具备。正是由于是民间

的匠师所为，书法中少了几分约束，多了一丝豪迈雄浑之气，或点题插句，或警言妙语，无不与纹样相互契合。"南朝千古伤心事，犹唱后庭花。旧时王谢，堂前燕子，飞向谁家？恍然一梦，仙肌胜雪，宫髻堆鸦。江州司马，青衫泪湿，同是天涯。""细雨鱼儿出，微风燕子斜。"家国兴亡、悲欢离合、和风细雨、田园乡间，民间陶瓷艺人用自己手中的笔墨将内心的情感抒发在瓷器之上，使读者思绪久久不能平静。也有一些短语吉言，如"长命枕"、"国家永安"、"风花雪月"、"清吉美酒，醉乡酒海"等，这些诗文吉语既装饰了瓷器的表面，同时增加了瓷器的文化韵味，深受人们的喜爱。

三、景德镇窑

景德镇位于江西东北部，近千年来以瓷器闻名于世，号称"瓷都"。明清时期与广东佛山镇、湖北汉口镇、河南朱仙镇并称为中国四大名镇。景德镇原叫昌南镇，在南朝时就已经开始了瓷器的生产，唐代的时候烧制出白瓷，宋代时上贡瓷器得到宋真宗的青睐，遂改昌南镇为景德镇。元代在此设立"浮梁瓷局"，专事瓷器生产，所制产品供官府使用，"枢府瓷"即是其中的佼佼者。明代初期洪武年间开始正式在景德镇设立御窑厂，御窑厂垄断优良制瓷原料和燃料，选用进口的或上等的青料及其他釉料，烧制供上层阶级使用的御用瓷器，至此景德镇开始成为真正意义上的制瓷中心。所有的高档瓷器无不在此处烧制成功，景德镇烧造的彩瓷就是其中的佼佼者。

（一）五彩瓷

五彩瓷器是以铅为助熔剂，铜、钴、铁等金属元素为着色剂而烧成的瓷器。主色调为红、黄、紫、绿等色。

五彩瓷器是在宋金时期釉上加彩瓷器的基础之上发展起来的。宋金时期，北方诸多瓷窑如磁州窑等均烧制一种低温彩绘瓷——红绿彩，虽然颜色单一，但是已经具备了烧制五彩瓷的技术。1985年，在西藏萨迦寺中发现一件宣德年制的五彩鸳鸯卧莲池纹碗，随后，1998年考古人员又在景德镇珠山御窑厂内的废弃瓷器坑中发现可以拼对复原的宣德年制五彩盘。从而证明了文献所述不虚，明初宣德年间确实烧制过五彩瓷器。

明代嘉靖、万历时期五彩瓷的烧制达到了很高的艺术水准，为人们津津乐道。它的工艺一般都是在烧制好的瓷胎上绘出纹饰的轮廓线，然后在其中填涂着色剂。不讲究纹饰的写实效果，因而树木花叶、人物衣饰都没有表现出阴阳向背，没有立体感，但是用笔率直，线条古拙，别有一番风趣。嘉靖、万历时期由于朝廷下达的烧造任务量过大，因而瓷土的淘洗不精，往往含有一些杂质，器物底足的修胎步骤也不到位，常见歪斜、断裂的现象。釉色白中泛青，由于杂质的存在，有些表面还有黑色斑点。

明代中晚期五彩瓷纹饰的整体特点是繁缛浓密，纹饰几乎布满整个器身。故宫博物院收藏的万历五彩镂空云凤纹瓶（图96）是这一时期的代表作。瓶高49.5、口径15、底径17.2厘米，洗口，长颈，圆腹，圈足底。装饰

图96　明代万历
五彩镂空云凤纹瓶

手法多样，采用绘画、镂空、贴塑等多种技法。上部如意纹、中部如意云头纹、腹部云凤纹都采用镂空的手法，玲珑剔透。五彩为釉下青花和釉上五彩相结合的方式，用红彩、黄彩、绿彩等彩料描绘出凤纹、蕉叶纹、云纹等。此外，这一时期青花瓷器中流行的云鹤纹、鱼藻纹、寿星纹、人物故事纹、福山寿海纹等也是五彩瓷中常用的纹饰。款识一般书于器底，以"大明嘉靖年制""大明万历年制"最为常见，有的款外围有边框。明代中晚期除了官窑烧制五彩器外，民窑也大量烧制，且多为出口而烧。

经历了明末清初的沉寂后，五彩瓷器的烧制在清代康熙年间又达到了一个高峰。较之嘉靖、万历时期的五彩瓷，康熙时期生产的五彩瓷的色彩更加丰富，线条流畅自然，图案更加工整精细。由于受欧洲西洋画透视技法的影响，纹饰的立体感更强，并首次使用釉上蓝彩来替代五彩中的青花，墨彩的使用也使得康熙五彩的艺术性得以提升。

康熙五彩常显现的彩色有红、黄、蓝、绿、紫、墨等色调。所用红彩系矾红，但与

图97　清代康熙五彩描金
鹭鸶莲池纹凤尾尊

明代的矾红大不一样，色泽光鲜亮丽；黄彩为蜜蜡黄；蓝彩是新创的色调，鲜艳显眼；紫色为葡萄紫，用于填充植物的枝干、花朵，人物的服饰、衣冠；墨彩也是新创的色调，主要用于局部山石的点染。由于多种色调的搭配使用，使得康熙五彩的色彩对比更加协调、融洽。

康熙五彩纹饰图案主要为传统的文人画中的元素，山水、花鸟等依旧是其中的主流纹饰。《匋雅》一书中说："康熙（五）彩画手精妙，官窑人物以耕织图为最佳，其余龙凤、番莲之属，规矩准绳，毕恭敬止，或反不如客货（民窑器）之奇诡者。盖客货所画多系怪兽老树，用笔敢于恣肆。"故宫博物院收藏的五彩描金鹭鸶莲池纹凤尾尊（图97）是康熙五彩瓷中的精品。尊高44、口径22.4、底径14.2厘米，用绿彩、红彩、蓝彩、黄彩等描绘出夏日荷塘的景致，颜色柔和丰富，色调喜人，整体上给人以和谐的感觉。

同时还出现了反映民间百姓生活气息的小说、戏曲作品，与同时期的版画近似。《三国演义》《水浒传》《西厢记》《牡丹亭》

彩绘瓷

《桃花扇》等小说、剧本中人物个性鲜明，情节生动，将这些作品的关键情节搬到瓷器表面是符合观众的审美需求的。另外还有八仙纹、天仙送子纹、耕织图等，这些也多是含有吉祥寓意的图案纹饰。

（二）斗彩瓷

斗彩瓷器是釉下青花与釉上彩色相结合的一种彩瓷。斗彩的烧制工艺复杂，首先在制好的胎体上用青花绘制纹饰的轮廓，然后施加釉料，入窑烧制。烧成的瓷器只是半成品，需要在其青花轮廓之中填涂彩料，再次入小炉中低温二次烧成。

过去，大家对于斗彩瓷与五彩瓷还不能准确地区分。民国时期的一些文人又根据文献资料，望文生义，臆断是非，提出了"逗彩"这一概念，更加混淆了它们两者之间的区别。现在大家一般认为斗彩和五彩的本质区别是，斗彩瓷中的釉下青花已经将画面中的纹饰完整地描绘出来，只是没有在轮廓之中添加彩料而已；五彩瓷虽也使用釉下青花，但是一般都是将其作为图案的一部分来使用的，它们不能组成完整的画面。

斗彩瓷器起于明代，成化晚期烧制的斗彩瓷以淡雅的色调、新颖的造型、柔和的釉色闻名于世，成为人们竞相追捧的宝物。由于成化斗彩瓷器是用青花作为纹饰的轮廓，与前代景泰年间的铜胎掐丝珐琅的工艺极为相似，故有的人认为斗彩瓷的工艺应该是借鉴了铜胎掐丝珐琅。

成化斗彩都是一些形体娇小的器物，适合随时把玩、评赏。有罐、杯、盒、碟、碗等器物，小巧玲珑，端庄隽秀，甚是喜人。施加的彩料有鲜红、鹅黄、浅紫、深绿、孔雀蓝、绿松、娇黄等。纹饰多采用日常生活中的场景，如花鸟、子母鸡、蝴蝶、菊花、高士等等，尤其是成化年间烧制的斗彩鸡缸杯（图98）、"天"字罐（图99）等，博得了世人极高的评价。

清代文人高江村在《成窑鸡缸歌注》中说道："成窑酒杯种类甚多……皆描画精工，点色深浅，莹洁而质坚。又鸡缸，上画牡丹，下画子母鸡，跃跃欲动。"由于成化斗彩鸡缸

图98　明代成化斗彩鸡缸杯

图99　明代成化斗彩"天"字罐

杯制作极少，存世稀罕，明代末年"神宗时尚食，御前成杯一双已值钱十万"。至清初时"白金五镒"都买不到，价值可见一斑。因而清代康熙、雍正、乾隆三朝都竭力模仿，但与真品还是存在着差距。雍正皇帝还命令御窑厂按照宫中流传下来的一些缺盖斗彩罐，烧制出与之相配的斗彩盖，有的甚至烧制了多次才得以勉强相配，可见斗彩瓷烧制难度之大。成化朝斗彩鸡缸杯将是一个永远也道不尽的神话。除了仿烧明代斗彩瓷器外，雍正朝也烧制了一批具有本朝时代风格的斗彩瓷器。首都博物馆藏斗彩丹凤纹提梁壶（图100）高14、口径4.9厘米，器身作提梁式，与同时期宜兴上贡的紫砂壶式样相似，主体纹饰为花卉纹、凤凰纹等，器盖上施红彩，盖

图100 清代雍正斗彩丹凤纹提梁壶

面绘制兰花纹。

随着明王朝统治地位的动摇，御窑厂也被迫停止了官窑瓷器的烧制。作为一代名品的成化斗彩瓷器也消失在历史的舞台之中，任由后人评点赏析，传为艺林佳话。

（三）珐琅彩瓷

珐琅彩瓷，又称瓷胎画珐琅，是清代宫廷造办处在精细的瓷胎上绘上珐琅彩的一种瓷器。珐琅彩瓷作为一种极为高档的瓷器品种，于康熙晚年烧制成功。雍正、乾隆两朝继续烧制，乾隆朝之后，国势衰微，加之珐琅彩瓷造价高昂，因而逐渐淡出人们的视线，但它依然如一颗绚丽的明珠，在历史的长河中熠熠生辉。

明末清初，西学东渐，很多具有相当科学文化修养的传教士纷纷通过海上贸易船只由广东等地辗转来到中国内地。利玛窦是最早来华的传教士之一，由于其学识渊博，得到了一些文人士大夫的赏识和信任，逐渐与他们建立了密切的关系。清人入关之后，传教士汤若望、南怀仁等人深得清廷的重视。康熙皇帝文韬武略，对西方先进的科学技术倾慕不已，上至天文历法、物理数学，下至音乐绘画、工艺美术都抱有极大的兴趣。传教士将西洋所产的钟表、鼻烟壶、油画、望远镜等物纷纷献给康熙皇帝，其中还包括珐琅彩器。康熙皇帝被珐琅彩高贵典雅的色调、华丽耀眼的光泽所折服，命令内务府造办处仿制其色调烧制瓷胎珐琅彩，从康熙二十七年（1688年）开始试验，一直到康熙五十九年（1720年），第一批珐琅彩瓷终于烧制出炉。

康熙时期烧制的珐琅彩瓷现存极少，主要保存在台北故宫博物院。这一时期采用的珐琅彩料基本上都依赖进口，工艺成本非常高昂，生产量也是极少的。康熙珐琅彩瓷使用的瓷胎一般都是景德镇烧制的极为精细的白瓷，造办处的工匠在其上施加珐琅彩料。由于瓷胎的表面光滑细腻，彩料的施加更加流畅，因而较之铜胎珐琅彩，艺术审美价值更胜一筹。康熙时期，珐琅彩瓷表面的纹饰与同时期的青花瓷、粉彩瓷有着明显的区别。

珐琅彩瓷一般都采用铜胎珐琅彩上常用的装饰性较强的对称图案，以牡丹纹最为常见，其次还有缠枝莲纹、梅花纹、菊花纹等，基本上没有山水纹、人物纹，有红、白、黄、蓝等诸色。康熙珐琅彩紫地番莲花纹直颈瓶（图101）高13.2、口径4.4、底径5.4厘米，口部稍微外撇，直颈，圆腹，圈足底。以紫彩为底，在其上用浅蓝、浅绿、鹅黄等色描绘纹饰，颈部为变形蝉纹，腹部为番莲花纹，绿叶紫花交错密布，与颈部的黄色蝉纹交相

图101　清代康熙珐琅彩
紫地番莲花纹直颈瓶

辉映。底部阴刻有"康熙御制"四字楷书款，字体肥厚，与当时流行的青花瓷器迥异。

雍正皇帝对珐琅彩瓷的痴迷程度较之其父有过之而无不及，不仅亲自过问珐琅彩瓷烧制的情况，还为了避免因进口珐琅彩料的缺乏导致停烧，于雍正六年（1728年）开始研制珐琅彩材料。经过四个多月的艰辛劳作，不仅研制出了西洋彩料，有月白色、白色、黄色、绿色、深亮绿色、浅绿色、松黄色、浅亮黄、黑色等，同时还自创了软白色、香色、松黄色、淡松黄色、藕荷色、浅绿色、酱色、深葡萄色、青铜色等九种色料。这些色料的研制成功，为雍正朝珐琅彩瓷的高度发展创造了条件。雍正朝烧制珐琅彩瓷不惜花费血本，纹样的设计更加突出中国传统，特别是使用山水纹、花卉纹、翎羽纹等，使珐琅彩瓷完全具有了中国本土的特色。雍正朝所制珐琅彩瓷秀雅粉润、一尘不染。山水小景，精工细笔；人物翎羽，神形逼肖。故宫博物院珍藏的雍正珐琅彩松竹梅纹橄榄瓶（图102）就是中国珐琅彩发展史上的巅峰之作。其胎质洁白莹润，如冰似玉，整体造型

图102　清代雍正珐琅彩松竹梅纹橄榄瓶

模仿橄榄形状，雅致俊秀，线条流转舒展。景德镇御窑厂的艺人在白胎上采用中国绘画中的写实风格绘制出代表中国传统人文意蕴的梅、竹、松，整体图案犹如宋代的工笔画，清新而不失庄重。颈部用墨彩写有"上林苑里春长在"的款识，并画有红款印章。书、画、印三者有机地结合在一起，是中国传统的书画艺术和陶瓷工艺相结合的完美杰作。雍正朝还使用墨彩和蓝彩作为彩料绘画纹饰，墨色淡雅匀净、蓝色疏朗灵动，起到了不一样的艺术效果。

乾隆朝珐琅彩瓷的制作有增无减，依旧采用景德镇烧制的洁净白瓷作为胎体。器形种类琳琅满目，有交泰瓶、双管瓶、蒜头瓶、葫芦瓶、合欢瓶、双耳瓶等，此外还有工艺异常复杂的转心瓶。转心瓶由内外两个胎体组成，内部可以任意地转动，不受任何限制。乾隆朝珐琅彩瓷的纹样更多的是一些含有吉祥寓意的图案，包括云鹤纹、洪福齐天纹、长命富贵纹等等，构图繁缛绚丽。大量的西洋画也出现在乾隆朝珐琅彩瓷上，亭台楼阁一般都采用西洋画中透视的手法，使得景物有纵深的空间感，山水、人物等往往注重表现物象的明暗对比，以突出其立体感，这一特征是中国古代平面化的绘画中不曾有过的。乾隆朝制作的珐琅彩婴戏纹双联盖瓶（图103）高22.4、口径5.2、底径10.6厘米。这件珐琅彩瓶的造型较之一般器物较为独特，采用双联式。洗口，束颈，滚圆腹，底足外撇，整体造型敦厚，但不失匀称。腹部纹饰主要分为两组，一组为婴童与山羊嬉戏的场面，蕴含着"三阳开泰"的吉祥寓意；另一组画面为婴童之间互相嬉戏的场面，也表达了人

图103　清代乾隆珐琅彩婴戏纹双联盖瓶

们希望多子多孙的寓意。器物底部施绿松石釉，中间书青花"大清乾隆年制"篆书款。

清代珐琅彩瓷是中国陶瓷史上一座难以逾越的高峰。粉彩、斗彩的彩绘瓷虽然已经达到了很高的水准，艺术价值也极高，但是与珐琅彩瓷相比，在色调的对比等方面还是稍逊一筹。珐琅彩是一种不透明的乳浊颜料，且经过多次的上料之后，彩料层层叠加，相互映衬，在光线的照耀下可以折射出多种不同的色调，给人以极强的视觉冲击。

珐琅彩瓷作为一种皇家御用器物，几百年来一直深藏于皇宫之中，常人难窥其真容，不免有些遗憾。幸好大部分清宫烧制的珐琅彩瓷现在都陈列在博物馆中，大家不妨一睹芳容，领略"她们"无尽的魅力。

（四）素三彩

素三彩瓷是以黄、绿、紫等色彩料为主，不使用艳丽的红色而烧制的一种低温釉彩瓷。清人寂园叟在《匋雅》一书中说道："西人以康熙黄、茄、绿三色之瓷品为素三彩。"这里的"茄"指的就是"茄皮紫"色。

图104　明代正德素三彩海蟾纹洗

明代中期素三彩瓷的烧制已经达到了很高的水准。正德年间烧制的素三彩海蟾纹洗（图104）是这一时期的代表作。整个器物高10.7、口径23.7厘米，敛口，腹部稍微内收，下接三云头纹底足。素三彩纹饰上的釉色是经过二次低温烧成的。口部和底足使用紫彩，底足釉面下部还刻划有枝叶纹，腹部先刻划出海水、波涛、蟾蜍等纹饰，再在其上施加黄、绿、白彩，黄色的蟾蜍跳跃在绿水白涛之上。整个画面施加的彩料宁静淡雅，但描绘的纹饰又动感喜人，一动一静，妙趣横生。口沿部位还刻有"正德年制"楷书款。景德镇御窑厂还出土了成化年间烧制的素三彩鸭形香薰。鸭仰首翘尾，站立在镂空香薰之上，生动活泼，趣味盎然。

清代康熙年间素三彩瓷再度流行，继续烧制明代创立的带有暗刻纹的素三彩瓷。故宫博物院收藏的素三彩暗刻花果纹盘（图105）口径达到24.8厘米，口部外侈，浅腹，圈足较大。烧制这样的大盘，需要熟练的工艺。首先制作素胎，在其表面刻划出云龙纹，后入窑烧制，再在其上用墨线勾勒出花果的枝叶和果实，填入黄、白、绿、紫等彩料，

图105 清代康熙
素三彩暗刻花果纹盘

最后入彩炉中烧成。除了素三彩大盘外，镂空香薰也是景德镇御窑厂烧制的难得的佳作。康熙时期烧制瓷器的工艺技术多样化，还创烧出了"虎皮三彩"，此种工艺技术以碗较为多见，白、黄、绿、紫彩交互融合，斑驳陆离，犹如天边的云霞一般。民间烧制的"虎皮三彩"较多，但较之官窑器，则略显粗糙。

(五) 粉　彩

粉彩是康熙晚期在五彩的基础上，受珐琅彩瓷的影响而烧制的一种新的彩瓷品种；雍正年间粉彩瓷器得到飞跃的发展，与青花瓷器并列为御窑厂烧制的两大瓷器品种；乾隆时期，粉彩瓷器的纹样、造型、工艺继续发展、创新；嘉庆之后衰弱；同治、光绪时期婚庆瓷、大雅斋瓷的烧制，又使得粉彩瓷重现光辉。

粉彩是在烧制好的白瓷器上，用墨线画出纹饰，在纹饰轮廓内填以玻璃白，然后在其上施加彩料。由于玻璃白中添加了砷，可作为溶剂，施加的彩料经过点、扒、吹等技法可以发生粉化，使得彩料的颜色出现浓淡

图106　清代康熙粉彩钟馗像

不一的渐变，增加了色阶，从而渲染出纹样中人物服饰、鸟兽翎毛、山水皴点的明暗和向背，增加了画面的层次感、立体感，这一点是五彩瓷器所不具备的。

由于康熙时期粉彩处于初创阶段，因而烧制的瓷器品种及工艺都不及雍正、乾隆时期。色调单一、线条纤细，器物也以文房器具等小物件为主。粉彩钟馗像（图106）高16.8厘米，钟馗衣着一件描金红彩大袍，头戴发冠，手持一马蹄形杯，依靠在假山边，假山的上面还有一酒罐，山石的一侧刻有"康熙年制"四字楷书款。关于这件粉彩钟馗像还有一段曲折的流传历史。此物本是宫中大内镇守库房的守护神，八国联军入侵北京城之际流落到宫外，被北京城中一家古玩店收藏，一日宫廷银库主事庆筱山外出，路过此处，发现了丢失已久的钟馗像，于是便重新将其带回宫中供奉起来。

　　雍正时期粉彩瓷器使用的白瓷胎体细腻，彩料娇艳欲滴，充分展现了粉彩瓷器的艺术魅力。其纹饰多为花鸟、山水、人物纹，特别是花卉纹饰浓淡相间、层次分明。上海博物馆收藏的粉彩花鸟纹瓜棱瓶（图107）高45、口径12.4、底径13.6厘米，在雍正朝的官窑器中算是体格高大的器物。瓶身有数道凹凸线，形似瓜果的形状。胎质洁白细腻，其上用彩料绘制花卉纹，四季皆备，飞鸟穿插于其间，鸟语花香，一派生机勃勃的景象。雍正朝还往往在施加色地的器物上使用粉彩工艺，如珊瑚红、墨色地、黄地、紫地等，基本上也是以花鸟纹为主。底部一般都写有"大清雍正年制"青花六字双行楷书款。

　　乾隆时期粉彩的装饰手法更加多样。这

图107　清代雍正
粉彩花鸟纹瓜棱瓶

图108　清代乾隆粉彩夔凤穿花纹兽耳衔环瓶

时期色地粉彩瓷较之雍正时期为多，且品种繁复，造型多样化，喜好在器物上采取镂雕的工艺，所制器物奇巧新颖。生活日用器、赏玩器、文房器具、陈设具都是生产的类型，一应俱全。整体的风格显得繁缛艳丽，层次感强。乾隆粉彩夔凤穿花纹兽耳衔环瓶（图108）高27.5、口径9.8、底径10.5厘米，撇口，耸肩，下部内收，肩部左右两侧有兽耳一对。整个器物的纹饰绘画浓密繁缛，给人以密不透风的感觉。口沿部位绘画一周如意纹，腹部主要是缠枝花卉纹，中间变形的夔凤穿插于其间，下部为莲瓣纹。底部写有青花"大清乾隆年制"六字三行篆书款。

　　清代景德镇御窑厂发展到嘉庆之后，由于内忧外患，统治者已经无暇顾及，御窑厂烧制的瓷器也每况愈下。道光时期烧制的"慎德堂制"瓷器（图109）是这一时期的佼佼者。同治年间御窑厂开始恢复生产，烧制了一些供同治帝大婚使用的婚庆瓷，但是盛况难再，已经无法延续康乾盛世之时。光绪年间，慈禧垂帘听政，掌握实权，为了庆祝自己的寿辰，令景德镇御窑厂烧制庆典所用瓷器。由于是奉命烧

图109　清代道光粉彩描金云鹤纹方瓶

制，经费也得以恢复，流失的人才陆续回到御窑厂工作，因而光绪年间，御窑厂的瓷器生产出现了又一个小高峰，御窑厂主要烧制的就是粉彩瓷器。但是这一切犹如回光返照，昙花一现。为了适应新时代的发展，光绪三十年（1904年）御窑厂改组为江西瓷业公司。一个帝国伴随着它曾经创造过的辉煌的瓷器艺术一起陨落了。

1872年，同治十一年九月十五日，同治帝按照皇太后的旨意与翰林院侍讲崇绮之女阿鲁特结婚。景德镇接到命令后，紧锣密鼓地开始烧制婚庆瓷。据档案记载，烧制的瓷器多达一万多件，器形有碗、盘、碟、调羹、渣斗等。由于是为了大婚之用，因而所有瓷器总体上给人以喜庆的感觉，多以黄色、红色等为地，在上面用蓝彩、绿彩、红彩、紫彩绘制纹饰，描金手法也大量使用在瓷器的装饰之中。纹饰都为梅花、喜鹊、蝙蝠、蝴蝶、百子、兰花、竹子等吉祥喜庆的图案。红彩描金"喜"字纹盘（图110）是同治皇帝大婚用瓷。此时景德镇的官窑瓷器烧制虽然已经衰弱，但是这批瓷器的制作还是较为精细。此盘盘体轻薄，浅腹，红

图110　清代同治红彩
描金"喜"字纹盘

地鲜艳浓烈，盘心中间有一变形的"万"字纹，周围共分六层用金彩描绘"喜"字。红地金字，富丽堂皇，高贵庄重。

慈禧太后虽精于权术，但是对书法、绘画也表现出了极大的热情。她所画花卉也精美雅致，并给自己的画室起了个斋号，称之为"大雅斋"。慈禧太后还命令御窑厂烧制大雅斋瓷，以供陈列。

由于大雅斋瓷器是专门烧制的文房陈设瓷，因而不必如同治婚庆瓷一样讲究喜庆的色彩，大雅斋瓷的地色众多，有明黄色、蓝色、

浅蓝色等。故宫博物院还收藏有一些大雅斋
瓷的画样，是当时发送到御窑厂照图烧制瓷
器的画稿。由于慈禧太后擅长于绘制花鸟图
案，因而大雅斋瓷绝大部分的瓷器纹饰都与
之相关，有莱菔花虫纹、牵牛花纹、海棠花
鸟纹、秋葵花纹、莲花鹭鸶纹、栀子花纹、
腊梅纹、藤萝花纹等。这些纹饰中更多透露
给人的是柔和之美，没有文人雅士喜好的山
水纹，没有老百姓津津乐道的戏曲人物。艳
丽的色调、淡雅的纹饰与当时统治中国约半
个世纪的女性的心情是一致的。器物内部往
往施加一层绿松石釉，同时期的民窑产品也
多仿此技法烧制粉彩瓷器。大雅斋瓷烧制最
多的是花盆和鱼缸（图111）。南京博物院收
藏的粉彩菊花蝴蝶纹银锭式花盆（图112）高
4.9、宽21.4厘米，银锭式器形，宽口沿，直
腹，底部为四小扁足。器形端庄雅致，极富
文人趣味。花盆内部施加绿松石釉。还在洁
白细腻的瓷胎表面描绘有蝴蝶、菊花、秋葵
等纹饰，虽不如雍正时期的精细，但是也不
失自然风趣。

　　大雅斋瓷的款识比较统一，一般在口沿

处书"大雅斋"三字楷书款，右侧为"天地一家春"盘龙纹篆书款，有的器物底下有"永庆长春"楷书款。矾红款识与明艳的地色交相辉映，很有特色。

图111　清代光绪粉彩
"大雅斋"款秋葵纹鱼缸

图112　清代光绪粉彩"大雅斋"款
菊花蝴蝶纹银锭式花盆

参考文献与延伸阅读书目

江苏省文物管理委员会编:《南京出土六朝青瓷》,文物出版社,1957年。

童书业、史学通著:《中国瓷器史论丛》,上海人民出版社,1985年。

周仁等著:《景德镇瓷器的研究》,科学出版社,1958年。

江西省轻工业厅陶瓷研究所编:《景德镇陶瓷史稿》,生活·读书·新知三联书店,1959年。

南京博物院编:《江苏六朝青瓷》,文物出版社,1980年。

中国硅酸盐学会主编:《中国陶瓷史》,文物出版社,1982年。

文物编辑委员会编:《中国古代窑址调查发掘报告集》,文物出版社,1984年。

李家治、陈显求等著:《中国古代陶瓷科学技术成就》,上海科学技术出版社,1985年。

汪庆正、范冬青等编:《汝窑的发现》,上海人民美术出版社,1987年。

马文宽、孟凡人著:《中国古瓷在非洲的发现》,紫禁城出版社,

1987年。

傅振伦著：《中国伟大的发明——瓷器》，轻工业出版社，1988年。

中国美术全集编辑委员会编，杨可扬（本卷）主编：《中国美术全集·工艺美术编·陶瓷·》（上、中、下），上海人民美术出版社，1988年。

叶喆民著：《中国陶瓷史纲要》（中国古陶瓷名瓷志），轻工业出版社，1989年。

汪庆正主编：《简明陶瓷词典》，上海辞书出版社，1989年。

福建省博物馆编：《德化窑》，文物出版社，1990年。

冯先铭主编：《中国陶瓷》，上海古籍出版社，1994年。

彭卿云、耿宝昌等编著：《中国文物精华大辞典·陶瓷卷》，上海辞书出版社·商务印书馆（香港）有限公司，1995年。

国家文物鉴定委员会编：《文物鉴赏丛录：陶瓷（一）》，文物出版社，1995年。

国家文物鉴定委员会编：《文物鉴赏丛录：陶瓷（二）》，文物出版社，1996年。

吴仁敬、辛安潮著：《中国陶瓷史》（中国文化史丛书），商务印书馆，1998年重印本。

马希桂著：《中国青花瓷》，上海古籍出版社，1999年。

吕成龙著：《中国古代颜色釉瓷器》，紫禁城出版社，1999年。

杭州市文物考古所编，杜正贤主编：《杭州老虎洞窑址瓷器精选》，文物出版社，2002年。

叶喆民著：《隋唐宋元陶瓷通论》（中国考古文物通论），紫禁城出版社，2003年。

故宫博物院古陶瓷研究中心编：《故宫博物院古陶瓷资料选粹》，紫禁城出版社，2005年。

叶佩兰著：《中国彩瓷》，上海古籍出版社，2005年。